RUDOLF MÖCKEL (HRSG.)

BRENNPUNKT ISLAM

HASS- ODER FRIEDENSRELIGION –
WAS SAGT DER KORAN?

W0077322

Rudolf Möckel (Hrsg.)

BRENN PUNKT
Islam

HASS- ODER FRIEDENSRELIGION?
WAS SAGT DER KORAN?

INFORMATIONEN ZUM HERAUSGEBER:

 Rudolf Möckel, Jahrgang 1958, ist Pastor der Ev.-Luth. Landeskirche Hannovers, verheiratet und hat drei Kinder. Er ist tätig als Pastor, Krankenhaus-Seelsorger und Religionslehrer im Annastift Hannover und darüber hinaus Autor verschiedener Bücher.

IMPRESSUM
Rudolf Möckel (Hrsg.)
Brennpunkt Islam
ISBN 978-3-86353-116-4
© Copyright 2015, Christliche Verlagsgesellschaft mbH
Koproduktion: Christliche Verlagsgesellschaft, Dillenburg
www.cv-dillenburg.de
idea e.V. – Evangelische Nachrichtenagentur, Wetzlar
www.idea.de
Gestaltung & Satz: Christliche Verlagsgesellschaft mbH
Bildquellen Cover: © ZouZou/Shutterstock.com (Mann)
© Anna Poguliaeva/Shutterstock.com (Motiv)
Druck: GGP Media GmbH, Pößneck
Printed in Germany

INHALT

VORWORT

Carsten Polanz und Rudolf Möckel

EINE SCHWIERIGE AUFGABE

Wer heute darangeht, anderen Menschen die Religion des Islam zu erklären, steht vor einer Aufgabe, die nicht leicht zu lösen ist. Zwar bewegt gerade dieses Thema seit Jahren die Köpfe und Gemüter der Menschen in der westlichen Welt intensiv: Zeitungen schreiben darüber, Talkshows diskutieren es und die Politiker äußern sich vor den Kameras immer wieder dazu. Und doch fehlt der ganzen Diskussion über den Islam oft genug das, was für jede einigermaßen respektable Auseinandersetzung einfach unerlässlich ist: Sachkenntnis und Sachlichkeit. Die Diskussion über den Islam ist hochemotional, oft interessengeleitet und nicht selten von Tabus besetzt.

WORAN LIEGT DAS EIGENTLICH?

Häufig pendelt die Debatte zwischen zwei Extremen hin und her: Für die einen ist das Wort »Islam« in seiner Bedeutung nahezu deckungsgleich mit dem Wort »Gewalt«, insbesondere Gewalt gegen Unschuldige. Die Betreffenden haben oft nur eine äußerst vage Vorstellung von der Religion und der Kultur der Muslime. Trotzdem sind sie sich in ihrem Urteil über den Islam äußerst sicher. Sie verweisen auf die weltweit von Islamisten verübten grausamen Gewalttaten, zitieren einschlägige Kampfaufrufe aus dem Koran und kommen zu dem Schluss: Der Islam ist auf jeden Fall eine Religion der Gewalt, der Menschenverachtung und des Terrors. Er trägt faschistische Züge und ist abzulehnen. Zunehmende Angst und Abgrenzung von Muslimen im eigenen Umfeld können die Folge sein.

Eine andere Gruppe von Nicht-Muslimen beschwört, dass der „wahre Islam" vor allem Frieden bedeute. Sie berichten von ihren herzlichen Begegnungen mit Muslimen in der Nachbarschaft oder anregenden Gesprächen mit freundlichen Imamen am Tag der Offenen Moschee. Dort werden sie nicht selten auf die milden und friedfertigen Aussagen des Korans aus der frühen Zeit Mohammeds in Mekka (als er noch keinerlei politische oder militärische Macht ausgeübt hat) aufmerksam gemacht. Nach ihrer Deutung missbrauchen islamistische Terroristen ihre Religion lediglich für weltliche Zwecke. Extremismus gebe es eben in jeder Religion, heißt es aus ihrem Mund häufig. Auf diese Weise will man zwar Angst und Abgrenzung vermeiden, neigt aber schnell dazu, Religionen vorschnell und oberflächlich gleichzusetzen, die problematischen Aspekte in den islamischen Quellen auszublenden und dadurch den ideologischen Nährboden des Terrors zu verharmlosen.

VOM 11. SEPTEMBER 2001 BIS ZUM „ISLAMISCHEN STAAT" HEUTE

Die intensivere kritische Auseinandersetzung mit dem Islam – genauso wie der Versuch, den Islam von jedem negativen Verdacht reinzuwaschen – ist im Westen vor allem mit den Ereignissen des 11. September 2001 verbunden. Er hat sich wie kaum ein anderes Ereignis der jüngeren Geschichte in die kollektive Erinnerung der Menschheit eingegraben. Die islamistischen Selbstmordattentäter unter der Führung von Mohammed Ata hatten sich in ihren geistlichen Testamenten ausdrücklich auf die islamischen Quellen und die dortigen Paradiesverheißungen für die sogenannten Märtyrer berufen. Sie verstanden ihren Terror, bei dem insgesamt etwa 3000 unschuldige Menschen starben, als gerechten und gottwohlgefälligen Kampf gegen einen als ungläubig und islamfeindlich wahrgenommenen Westen.

Dem Anschlag auf das *World Trade Center* folgte eine ganze Kette von Terroranschlägen – unter anderem auf Bali und Djerba (2002), in Madrid (2004) und in London (2005). Weitere Attentate richteten sich konkret gegen einzelne islamkritische Künstler wie 2004 gegen den Amsterdamer Filmemacher, Publizisten und Satiriker Theo van Gogh oder im Januar 2015 gegen die Redakteure und Karikaturisten des Pariser Satiremagazins *Charlie Hebdo*. Darüber hinaus markierte der fast zeitgleiche Anschlag auf einen jüdischen Supermarkt in Paris den vorläufigen traurigen Höhepunkt eines zunehmenden Antisemitismus in muslimischen Milieus europäischer Städte.

Sorgen vor einer wachsenden Terrorgefahr in Europa werden durch die täglichen Nachrichten und Bilder von den Gräueltaten des „Islamischen Staates" im Irak und in Syrien sowie die Anschläge und Entführungen der nigerianischen „Boko Haram" und anderer islamistischer Terrorgruppen verstärkt. Zudem weiß jeder, der sich mit der wachsenden Christenverfolgung in islamischen Ländern befasst, dass Christen – vor allem solche, die ihren Glauben auch gegenüber Muslimen nicht für sich behalten, und Konvertiten aus muslimischem Hintergrund – dort häufig im Namen islamischer Bestimmungen und Überlieferungen diskriminiert, eingeschüchtert und nicht selten mit dem Tod bedroht werden.

FEHLENDE SELBSTKRITIK IM ISLAM

Irritierend für die Menschen der westlichen Welt ist neben der unfassbaren Grausamkeit islamistisch begründeter Gewalt auch die Tatsache, dass im Westen lebende Muslime nur sehr verhalten – wenn überhaupt – ihre Stimme gegen die Untaten ihrer Glaubensbrüder erheben. Muslimische Massendemonstrationen, wie man sie anlässlich der Mohammed-Karikaturen im Februar des Jahres 2006 weltweit beobachten konnte, waren nach den Anschlägen von Bali, Madrid, Amsterdam und London nirgendwo zu verzeichnen. Nach den jüngsten Vorfällen in Paris suchten die großen islamischen Dachverbände hierzulande zwar bei einer Mahnwache in Berlin den Schulterschluss mit der Spitze der deutschen Politik. Allerdings mangelt es bis heute an einer Bereitschaft, sich in den Moscheen und Koranschulen endlich selbstkritischer mit dem politischen und militanten Erbe Mohammeds auseinanderzusetzen, das bis heute vielen konservativen Muslimen ein klares Ja zur vollen Glaubens- und Meinungsfreiheit und zum säkularen Rechtsstaat erschwert.

DIE NOTWENDIGKEIT EINER AUSGEWOGENEN SICHT

Wer Muslimen angemessen begegnen will, sollte sich intensiver mit ihrer Religion und deren Grundlagen beschäftigen, um sich ein ausgewogenes Bild zu machen. Er wird dann sehr schnell begreifen, dass Muslime, die zur Gewalt gegen Andersdenkende greifen, nicht nur Täter, sondern auch Opfer sind – fast könnte man sagen: Getriebene. Er wird verstehen, dass das nicht zuletzt mit ihrer Religion zusammenhängt. Außerdem wird deutlich, dass allein das Evangelium von Jesus Christus ihnen Befreiung schenken kann. Wenn man also über die Religion des Islam angemessen reden will, braucht man vor allem Sachkenntnis und Sachlichkeit – trotz des unermesslichen Leids, das islamistische Terroristen in den vergangenen Jahren über viele Menschen – darunter übrigens auch zahllose Muslime – gebracht haben.

GESELLSCHAFTSPOLITISCHE BLAUÄUGIGKEIT UND THEOLOGISCHE ANBIEDERUNG

Sachkenntnis und Sachlichkeit sind aber eben auch in Bezug auf eine verbreitete und unverantwortliche Verharmlosung, Verkennung und Beschönigung des Islam gefordert und notwendig. Vor allem in intellektuellen Kreisen und vor allem in den Kirchen (insbesondere der Evangelischen Kirche) neigt man gerade angesichts der heutigen Negativschlagzeilen über den Islam dazu, im Namen einer falsch verstandenen Toleranz ausschließlich das Gemeinsame zu beschwören und gleichzeitig Unterschiede auszublenden und die schwierigen Schlüsselthemen zu umschiffen. Wie weit diese Verharmlosung gehen kann, wurde unter anderem 2010 deutlich, als sich die Evangelische Akademie in Bad Boll entschloss, zu einer Tagung unter dem Titel „Partner für den Frieden – Mit Hamas und Fatah reden" auch Vertreter der Terrororganisation Hamas zum Dialog einzuladen. Auch in anderen Dialogveranstaltungen ergibt sich die eigenartige Situation, dass Pastorinnen und Pastoren der Evangelischen Landeskirchen zunehmend als Multiplikatoren einer unkritischen und gefährlich verharmlosenden Haltung gegenüber dem Islam wirken. Dabei sind die muslimischen Funktionäre oft an einem echten Dialog gar nicht interessiert, sondern missbrauchen die landauf, landab stattfindenden Dialogrunden dazu, um eigene Anliegen (wie etwa die rechtliche Gleichstellung mit den Kirchen, den Koranunterricht in den Schulen oder die Einführung islamischer Feiertage) voranzubringen.

Die Blauäugigkeit kirchlicher Dialogvertreter in gesellschaftspolitischen Fragen geht häufig einher mit einer theologischen Anbiederung, bei der zentrale Aussagen des christlichen Glaubens wie die Gottessohnschaft Jesu und sein stellvertretender Sühnetod am Kreuz als lästiges Hindernis verstanden und in der Folge relativiert werden. Der Schwerpunkt liegt vielmehr auf den angeblichen Gemeinsamkeiten der drei sogenannten »abrahamitischen« Religionen. Im Zuge eines solchen Dialogs ohne eigenen Standpunkt wird dann oft übersehen, dass es für die islamische These, dass Ismael der Ahnherr der Araber sei, gar keine historischen Belege gibt und die im Koran vorgenommene „Islamisierung Abrahams" – wie der Islamexperte Eberhard Troeger konstatiert – „vielmehr eine Abkehr von dem in der Bibel bezeugten Gott Israels und Vaters Jesu Christi" darstellt[1].

DAS ANLIEGEN DIESES BUCHES

Es wird deutlich: Nur wenn der Koran und die Geschichte des Islam wenigstens in Umrissen bekannt sind, kann man diese Religion sachlich angemessen beurteilen und ihr dann auch im Alltag angemessen begegnen. Nur wenn wir die Fakten ruhig und klar zur Kenntnis nehmen, entgehen wir der Falle unkritischer Verteufelung oder ebenso unkritischer Verharmlosung. Das Buch will diesem Ziel dienen – Fakten präsentieren, studieren und auswerten. Zunächst werden Leben und Werk Mohammeds in den Blick genommen und der Weg und die geschichtliche Entwicklung des muslimischen Glaubens skizziert. Anschließend werden der Koran und seine Lehren über Allah, über den Menschen und seine Bestimmung genauer besehen. Eine beherrschende Rolle spielen dabei immer wieder Texte aus dem Koran. Abschließend geht es um die Frage, wie Christen ihre Verantwortung angesichts des stärker werdenden Einflusses des Islam in Deutschland wahrnehmen und wie sie persönlich Muslimen in ihrer Nachbarschaft begegnen können.

1.
DAS LEBEN MOHAMMEDS[2]

Der Islam ist undenkbar
ohne die Person Mohammeds

Islam bedeutet wörtlich »Unterwerfung« oder »Gotterge-
benheit«. Dieses Wort fasst das Wesen dieser Religion exakt
zusammen. Sure 4,125 des Korans sagt: *»Wer hätte eine bessere Religion, als wer sich Allah ergibt und dabei rechtschaffen ist.«*

Islam bedeutet also »Unterwerfung« *unter* oder »Erge-
bung« *in* den souveränen und gänzlich unerforschlichen
Willen Allahs. Ein *Muslim* ist demzufolge ein Mensch, der
sich dem Willen Allahs unterwirft bzw. sich in ihn ergibt
und darin die Bestimmung seines Lebens sieht.

Der Islam ist undenkbar ohne die Person Mohammeds
(Muhammads), der im sechsten Jahrhundert n. Chr. in der
Stadt Mekka (in Saudi-Arabien) geboren wurde, als Al-
lahs letzter und abschließender Prophet auftrat und zum
Gründer der muslimischen Religion wurde. Im Glaubens-
bekenntnis der Muslime kommt diese beherrschende, zen-
trale Stellung Mohammeds deutlich zum Ausdruck. Jeder
Muslim bekennt mehrmals am Tag: *»Ich bezeuge: Es gibt keinen
Gott außer Allah, und ich bezeuge, Mohammed ist sein Prophet.«*

Der Name *Mohammed* bedeutet »der Vielgepriesene«, und vielgepriesen ist sein Name in der muslimischen Welt heute wahrhaftig. Er ist *die* beherrschende menschliche Figur im Islam. Und darum verwundert es nicht, dass Muslime in aller Welt äußerst gereizt reagieren, wenn Menschen, die in ihren Augen »Ungläubige« sind, den Namen und die Person Mohammeds angreifen. Die weltweiten Turbulenzen um die Mohammed-Karikaturen haben das überdeutlich vor Augen geführt.

Mohammed wurde um das Jahr 570 n. Chr. in Mekka geboren. Er entstammte der sehr angesehenen Sippe der Hashemiten vom Stamm der Quraish. Sein Vater Abdallah starb noch vor der Geburt Mohammeds, die Mutter Amina folgte ihrem Mann wenig später, als Mohammed sechs Jahre alt war. Kurze Zeit wurde er von seinem Großvater Abd al-Muttalib erzogen, wohnte dann aber bei seinem Onkel Abu Talib, der die Erziehungsverantwortung für den jungen Mohammed übernahm.

MEKKA – RELIGIÖSES ZENTRUM DER ARABISCHEN WELT

Mekka war damals ein großes Handelszentrum und der religiöse Mittelpunkt der arabischen Welt. In der Stadt Mekka wurden die verschiedensten Götter und Gottheiten angebetet, auch der Gott Allah. Die Stadt hatte eine Vielzahl von Tempeln und Anbetungsstätten und war auch darum eine echte Attraktion für Reisende aus aller Welt. In dieser Umgebung mit ihren vielen Göttern wuchs Mohammed auf und wurde dort tief geprägt.

LEBEN IN BITTERER ARMUT

Mohammed wurde Karawanenführer und verdiente mit diesem Beruf seinen Lebensunterhalt. Die Arbeit als Karawanenführer war damals hart und schlecht bezahlt. Und so lebte Mohammed etliche Jahre seines Lebens in bitterer Armut. Sein Leben lang lernte Mohammed weder lesen noch schreiben. Er konnte nie das Neue oder das Alte Testament selbst lesen, denn er war Analphabet bis an sein Lebensende. Seine Kenntnisse des Alten und Neuen Testaments, über die Christen und den christlichen Glauben bekam Mohammed auf seinen ausgedehnten Handelsreisen einerseits von Juden, andererseits von christlichen Mönchen, die ihm – so gut sie es eben konnten – einige Informationen weitergaben. Dass sich dabei leicht Missverständnisse einschleichen konnten, liegt auf der Hand. So glaubte Mohammed zum Beispiel, bei den Personen der Dreieinigkeit handele es sich um Gott, den Vater, um Jesus und – um Maria (Sure 5,77): Ein fatales, aber in gewisser Weise durchaus naheliegendes Missverständnis.

Im Alter von 25 Jahren (595 n. Chr.) lernte Mohammed die wohlhabende Kaufmannswitwe Khadija kennen, deren Handelsgeschäfte er mit viel Geschick und Gewissenhaftigkeit führte. Die wesentlich ältere Khadija heiratete Mohammed, und so wurde aus dem ziemlich armen Karawanenführer ein angesehener Bürger Mekkas. Mohammed hegte eine tiefe Zuneigung zu Khadija und nahm – solange sie lebte – keine andere Frau. Mit viel Erfolg führte er ihren Handel und mehrte den gemeinsamen Reichtum. Eigentlich hätte Mohammed ein zufriedenes und ausgefülltes Leben als angesehener und wohlhabender Bürger Mekkas führen können. Aber es sollte anders kommen.

EIN ENTSCHEIDENDER WENDEPUNKT

Der Wendepunkt in seinem Leben trat ein, als Mohammed etwa 40 Jahre alt war. Mehr und mehr zog er sich von seiner

Familie und seinen Geschäften zurück. Das oberflächliche Leben und das unsoziale Verhalten der Oberschicht Mekkas stießen ihn mehr und mehr ab. Fragen bedrängten ihn, vor allem die nach dem Sinn des Lebens. Von einer starken inneren Unruhe erfüllt, zog sich Mohammed zeitweise aus seiner Heimatstadt zurück und suchte die Einsamkeit der Wüste. Im Gebirge Hira fand er eine Höhle, die nun seine Wohnstätte wurde. Mohammed erlebte so etwas wie ekstatische Zustände.[3] Er hatte erste Visionen, deren Bedeutung für ihn zunächst unklar blieben. In einer dieser Visionen, so berichtet Mohammed, sah er in seiner Höhle im Gebirge Hira eine Gestalt, die sich ihm als der Engel Gabriel vorstellte. Mohammeds offizieller Biograf Ibn Ishaq beschreibt das Geschehen so:

»Als ich schlief, so erzählt der Prophet später, trat der Engel Gabriel zu mir mit einem Tuch wie aus Brokat, worauf etwas geschrieben stand, und sprach: ›Lies!‹ – ›Ich kann nicht lesen‹, erwiderte ich. Da presste er das Tuch auf mich, so dass ich dachte, es wäre mein Tod. Dann ließ er mich los und sagte wieder: ›Lies!‹ – ›Ich kann nicht lesen‹, antwortete ich. Und wieder würgte er mich mit dem Tuch, dass ich dachte, ich müsste sterben. Und als er mich freigab, befahl er erneut: ›Lies!‹ – Und zum dritten Male antwortete ich: ›Ich kann nicht lesen.‹ Als er mich dann nochmals fast zu Tode würgte und mir wieder zu lesen befahl, fragte ich aus Angst, er könnte es nochmals tun: ›Was soll ich lesen?‹ Da sprach er: ›Lies im Namen deines Herrn, des Schöpfers, der den Menschen erschuf aus geronnenem Blut! Lies! Und der Edelmütigste ist dein Herr, er, der das Schreibrohr zu brauchen lehrte, der die Menschen lehrte, was sie nicht wussten‹ (Sure 96:1-5). Ich wiederholte die Worte, und als ich geendet hatte, entfernte er sich von mir. Ich aber erwachte, und es war mir, als wären mir die Worte ins Herz geschrieben. Sodann machte ich mich auf, um auf den Berg zu steigen, doch auf halber Höhe vernahm ich eine Stimme vom Himmel: ›O Mohammed, du bist der Gesandte Allahs, und ich bin Gabriel!‹«[4]

VON WEM KAMEN DIE VISIONEN?

Nach muslimischer Sicht markiert dieses Ereignis die Berufung Mohammeds zum Propheten. Für Mohammed selbst aber lagen die Dinge nicht ganz so einfach. Zwar hatte er ab diesem Zeitpunkt immer wieder Visionen, deren Inhalte er an seine (zunächst nicht sehr zahlreichen) Anhänger weitergab und die sie dann niederschrieben. Aber: Mohammed war sich anfangs durchaus nicht sicher, ob seine Visionen nun göttlichen oder dämonischen Ursprungs waren.[5] Erst durch den Zuspruch seiner Ehefrau Khadija gewann er die Sicherheit, dass Allah durch einen Engel zu ihm geredet hatte.

ERSTES ÖFFENTLICHES AUFTRETEN

Bald darauf fing Mohammed an, auf den Straßen und Plätzen der Stadt Mekka öffentlich zu predigen. Die Inhalte seiner Predigten waren einfach: Sie umfassten den Glauben an den barmherzigen Schöpfergott, den Aufruf zu einem besseren Lebenswandel angesichts des nahe bevorstehenden Gerichts sowie die Botschaft von der Auferstehung der Toten. Aber zunächst fand seine Botschaft nur wenig Anklang. Mohammeds erste Gefolgschaft bestand vor allem aus seiner Frau Khadija und seinem jungen Cousin Ali. Später folgten junge Leute aus vornehmen Familien der Stadt, aber auch Menschen, die aus den untersten sozialen Schichten stammten, z. B. freigelassene Sklaven.

ERSTE AUSEINANDERSETZUNGEN

Je länger Mohammed in Mekka predigte, umso gereizter reagierten die Geschäftsleute der Stadt. Gerade sie waren darauf angewiesen, dass viele Pilger die Stadt ansteuerten, um die verschiedenen Göttertempel in der Stadt zu besuchen. Dieser religiöse Tourismus bildete faktisch die Haupteinnahmequelle der Stadt. Mohammeds Predigten bedrohten nun ausgerechnet diesen Götterkult und die vielen Wallfahrtsfeste, die sich um das Zentralheiligtum Mekkas, die *Kaaba*, konzentrierten. Kein Wunder, dass die Geschäftsleute um ihr Einkommen und um ihre berufliche Existenz fürchteten.

MOHAMMEDS MIGRATION: VON MEKKA NACH MEDINA

Mohammed verließ unter dem Druck der Verhältnisse um das Jahr 615 n. Chr. mit über 100 Anhängern die Stadt Mekka und suchte für einige Jahre in Abessinien Schutz. Nach seiner Rückkehr nach Mekka war das Leben in der Stadt für ihn aber keineswegs einfacher geworden. Als die Lage schließlich unerträglich war, siedelte Mohammed am 16. Juli 622 n. Chr. auf Bitten einiger arabischer Stämme hin endgültig in die Stadt Yathrib über. Später wurde Yathrib in *madinat an-nabi* (Stadt des Propheten) umbenannt. Daraus wurde dann der Name Medina. Das Jahr des Auszugs (arabisch *hidschra*: Auswanderung) aus der Stadt Mekka (622 n. Chr.) markiert für Muslime den Beginn der islamischen Zeitrechnung.

Nachdem Mohammed zwei sich befehdende arabische Stämme geeint hatte, bekannte sich ein großer Teil der Bevölkerung in und um Medina zu seiner neuen Lehre. Eine Ausnahme allerdings gab es: Die jüdische Bevölkerung lehnte Mohammed als Propheten rundweg ab. Die Juden erklärten ihm, dass sie auf den Messias warteten. Und *der* käme aus dem Stamm Isai und nicht aus dem Stamm der Quraish. Auch die Behauptung Mohammeds, dass die jüdische und die muslimische Religion doch genau übereinstimmten, fand bei den jüdischen Volksgruppen wenig Gegenliebe. Mohammed musste einsehen, dass das jüdische Volk ihn nicht als Propheten und Gesandten Gottes akzeptieren würde. Seine Enttäuschung war groß. In tiefer Erbitterung zwang er zwei jüdische Volksstämme zur Auswanderung, vernichtete einen weiteren und versklavte dessen Frauen und Kinder. Dazu änderte er auch die Ausrichtung der Muslime beim Gebet. Ursprünglich hatte er festgelegt, dass Muslime sich beim Beten auf die Stadt Jerusalem (die Stadt der Juden) ausrichten sollten. Nun änderte er das und verfügte die Gebetsausrichtung auf Mekka hin, wo nach Mohammeds Auffassung der Stammvater aller Gläubigen, Abraham, zusammen mit seinem Sohn Ismael die *Kaaba*, das zentrale Heiligtum der Stadt Mekka, erbaut hatte. Diese doch recht ungewöhnliche Änderung des Koranwortlauts (immerhin galt ja der Koran als das unverfälschte Wort Allahs) erklärte Mohammed in Sure 2,106 mit den folgenden Worten: »*Wenn wir etwas ändern oder einen Vers der Vergessenheit anbefehlen, bieten wir etwas Besseres oder Gleichwertiges dafür.*«

VOM GERICHTSPREDIGER ZUM STAATSMANN

In Medina zeigte sich Mohammed weniger als religiös motivierter Gerichtsprediger, sondern eher als Staatsmann und Politiker, wobei er z. B. denjenigen, die sich dem Kampf entziehen wollten, immer wieder vor einer schmerzlichen Strafe im Jenseits warnte. Er stand vor der Aufgabe, für seine Mit-Auswanderer und für seine neuen Verbündeten in Medina ein gemeinsames Leben in gutem Einvernehmen zu organisieren. Darum erließ er im Jahr 623 n. Chr. die Gemeindeordnung von Medina. Dort entwickelte Mohammed auch die fünf wichtigsten religiösen Praktiken des Islam, die sogenannten »Fünf Säulen«.

Die Stadt Mekka allerdings blieb weiterhin sein Gegner. In den folgenden Jahren kam es immer wieder zu Kämpfen zwischen Mohammed und seinen Gefolgsleuten einerseits und den Bürgern der Stadt Mekka andererseits, ohne dass eine der beiden Seiten einen endgültigen Sieg über die andere erreichen konnte. In dieser Zeit prägte Mohammed den Begriff vom *Jihad* (Jihad bzw. Dschihad: Anstrengung (um Allahs willen); in der Frühzeit vor allem Kampf; später sind auch andere (friedliche) Anstrengungen gemeint und es wird zwischen kleinerem Dschihad (Kampf) und einem größeren Dschihad gegen die eigene Triebseele unterschieden).

Erst im Jahr 630 n. Chr. gelang es Mohammed mit seinen Truppen, die Stadt Mekka endgültig zu erobern. Überraschenderweise stieß er dabei kaum auf Widerstand. Unter dem Jubel seiner Anhänger ritt er zum Zentrum der Stadt und ihrem wichtigsten Heiligtum, der *Kaaba*, und verkündete dort offiziell das Ende der Götzenanbetung. Alle Götterbilder wurden aus der Stadt entfernt. Den Bewohnern Mekkas gewährte Mohammed eine großzügige Amnestie, worauf sich die allermeisten zum Islam bekehrten.

MILITÄRISCHE OPERATIONEN

Unter Mohammeds Führung vereinigten sich die arabischen Stämme und wurden so zu einer großen politischen und militärischen Macht. Unter seiner Führung kam es auch zu groß angelegten militärischen Operationen im näheren und weiteren Umfeld von Mekka und Medina. Dabei fielen erhebliche Reichtümer in die Hände der muslimischen Truppen. Im Kampf von Hunain (Hunain ist ein Tal in der Nähe von Mekka) waren es z. B. 22.000 Kamele, 40.000 Schafe, außerdem 4.000 Silberschilde.

Am 8. Juni 632 n. Chr. starb Mohammed als kranker Mann in Medina.

KONFLIKTE UM MOHAMMEDS NACHFOLGE

Unmittelbar nach Mohammeds Tod setzten Kämpfe um seine Nachfolge ein. Er hatte keinen Nachfolger ernannt. Sein einziger noch lebender Sohn Ibrahim war fünf Monate vor ihm gestorben. So war die Nachfolgefrage offen.

Zunächst setzte sich ein enger Weggefährte Mohammeds durch, ein Mann namens Abu Bakr. Der war nicht mit Mohammed verwandt, hatte allerdings auch in schwierigen Zeiten immer treu zu Mohammed gestanden. So wurde er der erste *Kalif* (Nachfolger).

Es gab aber Stimmen, die diese Entscheidung missbilligten: Eine größere Gruppe innerhalb der muslimischen Gemeinschaft (*Umma*) drängte darauf, dass Ali als Schwiegersohn und Familienmitglied Mohammeds das Amt des Kalifen übernehmen sollte. Diese Gruppe, die Ali als Kalifen favorisierte, wurde bald *Schiat Ali* (Partei Alis) genannt. Aus ihr entwickelte sich innerhalb der Gemeinschaft der Muslime die Glaubensrichtung der *Schiiten*, die heute zum Beispiel im Iran und auch im Irak die Mehrheit der Muslime stellen.

Im Jahr 656 zettelte die Schiat Ali eine Revolte an, in deren Verlauf der dritte Kalif Osman (Reihenfolge: Abu Bakr – Omar – Osman) ermordete und Ali als vierter Kalif eingesetzt wurde. Sie ergänzte auch das Glaubensbekenntnis der Muslime um einen wichtigen Satz ... Hatte es bisher gelautet: *»Ich bezeuge: Es gibt keinen Gott außer Allah, und ich* *bezeuge, Mohammed ist sein Prophet«*, so wurde es nun um den (allerdings nicht obligatorischen) Satz ergänzt: *»Ali ist der Freund Allahs!«*

Ali blieb allerdings nicht lange in seinem Amt als Kalif. Nach fünf Jahren fiel er einem Attentat der Gegner (der *Sunniten*) zum Opfer. Auch sein Sohn Hossein, der nach ihm das Kalifat übernahm, wurde wenig später nahe der Stadt Kerbela ermordet. Seitdem bestand und besteht bis heute eine tiefe, hasserfüllte Feindschaft zwischen zwischen Sunniten und Schiiten. Anlässlich des *Aschurafestes* (am 10. Tag des muslimischen Monats Muharram) gedenken Tausende schiitischer Muslime des gewaltsamen Todes Hosseins, wobei sie sich mit Schwertklingen und Ketten schlagen und sich auf diese Weise selbst verletzen. Hinter den Selbstverletzungen steht die Überzeugung, dass auf diese Weise wenigstens ein Teil der eigenen Sünden abgebüßt werden könne.

Insgesamt haben sich die sunnitischen Muslime im Lauf der Geschichte durchgesetzt: Sie besetzten das Kalifat fortlaufend, bis es im Jahr 1924 endete. Danach hat es keinen Kalifen (obersten Herrscher der Muslime in der Nachfolge Mohammeds) mehr gegeben. Der selbsternannte Kalif des „Islamischen Staates", Abu Bakr al-Baghdadi, wird lediglich von gleichgesinnten Terrorgruppen anerkannt. Heute stellen die Sunniten weltweit etwa 90 %, die Schiiten etwa 10 % der Muslime.

RASCHE AUSBREITUNG DES ISLAM

Nach Mohammeds Tod erlebte der Islam eine längere Phase stürmischer Ausbreitung, wobei der muslimische Glaube nicht zuletzt mit dem Mittel der Gewalt in andere Städte und Länder getragen wurde. Die arabischen Stämme begannen zunächst mit Vorstößen in Richtung Syrien und Irak.

678 n. Chr. kam es zur Belagerung der Stadt Konstantinopel – die Eroberung jedoch gelang erst 1453 n. Chr.. 696 n. Chr. folgte die Einnahme Karthagos. Zwischen 711-713 n. Chr. kamen Teile Spaniens (711 n. Chr.) und die Region des heutigen Paktistan (711-713 n. Chr.) unter muslimische Herrschaft. 731 n. Chr. erfolgte ein Vorstoß nach Zentralasien (China), 732 n. Chr. nach Frankreich. Später (unter türkischer Führung) kam es zu Eroberungen auf dem Balkan und in Zentraleuropa (zum Beispiel in Serbien – 1389 n. Chr. / Ungarn – 1526 n. Chr. / Wien 1529 n. Chr.). Danach hörte die Ausdehnung des Islam zunächst auf. Heute gewinnt sie in Nord- und Zentralafrika (z. B. in Nigeria) wieder an Dynamik.

All diese militärischen Aktionen hatten einen doppelten Zweck: Zum einen dienten sie der Ausbreitung des muslimischen Glaubens – insbesondere der Vorherrschaft islamischer Rechtsbestimmungen. Zum anderen hatten sie den Zugewinn von Macht und Reichtum zum Ziel. Für viele war die Aussicht auf Gewinn in der Tat ein sehr wesentlicher Anreiz, sich der Sache Mohammeds anzuschließen. Der *Jihad* vereinigte sowohl religiöse als auch sehr weltliche Interessen.

Mit den Bewohnern der eroberten Gegenden wurden in der Regel Verträge geschlossen: Entweder vollzogen die Bürger einen formellen Übertritt zum Islam, dann wurden sie Vollbürger des Islamischen Reiches, oder sie zählten zu den »geschützten Minderheiten«. Das kam theorethisch nur für die sogennanten Buchbesitzer – vor allem Juden und Christen – infrage. Im Laufe der islamischen Expansion wurde es jedoch auch auf weitere Gruppen wie die Zoroastrier und die Hindus angewendet. Wer zu einer geschützten Minderheit gehörte, wurde zur Zahlung einer hohen Kopfsteuer verpflichtet und hatte viele Nachteile im öffentlichen Leben. Er wurde ein Bürger zweiter Klasse. Wer weder

Kopfsteuer zahlen noch zum Islam übertreten wollte, wurde getötet.

Es war übrigens nicht ungewöhnlich, dass nach erfolgreichem Abschluss militärischer Aktionen Männer, Frauen und Kinder aus den eroberten Gebieten in die Sklaverei verkauft wurden. Die Frauen wurden oft auch zu Nebenfrauen der Soldaten.

VON ANFANG AN
EIN POSITIVES VERHÄLTNIS ZUR GEWALT

Wie die späten Koranstellen und die islamische Tradition zeigen, hatte Mohammed als politischer und militärischer Führer in Medina eine durchaus positive Einstellung zu einer religiös legitimierten Anwendung von Gewalt. Natürlich wurde z. B. auch auf den Kreuzzügen von Seiten der katholischen Kirche massiv Gewalt angewendet. Das geschah aber in unvereinbarem *Gegensatz* zur biblischen Offenbarung, stellte also einen eklatanten Missbrauch der Bibel dar. So hatte Jesus der gewaltamen Durchsetzung seiner Botschaft und Verteidigung seiner Person im Garten Getsemane eine klare Absage erteilt (Matthäus 26,51-54). Im Islam jedoch besteht dieser Gegensatz nicht! Muslime, die im Vollzug des *Jihad* Gewalt anwenden, befinden sich im Einklang mit dem Koran, der religiösen Gründungsurkunde der Muslime. Allerdings ist es auch unter Muslimen eine große Streitfrage, wann es sich um einen legitimen Jihad handelt – allein schon beim Unglauben der Gegner oder nur bei einer damit einhergehenden Feindseligkeit (z. B. militärische Aktionen, Blasphemie etc.).

2.
DIE GRUNDLAGEN DES ISLAM

2.1 Die Person Mohammeds

Wer sich mit der Lehre Mohammeds vertraut machen will, muss zunächst die Aussagen Mohammeds über sich selbst berücksichtigen. Nur dann wird er auch Zugang zur Religion des Islam insgesamt bekommen und den Koran in seinen Aussagen richtig einschätzen lernen.

MOHAMMED – DAS »SIEGEL DER PROPHETEN«

In Sure 33,40 heißt es: *»Mohammed ist nicht der Vater von irgendeinem eurer Männer. Er ist vielmehr der Gesandte Gottes und das Siegel der Propheten* (d. h. der Beglaubiger der früheren Propheten, oder der Letzte der Propheten).«

Zwei Begriffe beschreiben die Person Mohammeds: Er wird erstens der *»Gesandte Gottes«*, und zweitens das *»Siegel der Propheten«* genannt. Nach muslimischer Lesart heißt das: Mohammed spricht mit göttlicher Autorität. Wer seine Autorität anzweifelt, wendet sich gegen Gott selbst.

In Sure 25,3-5 wird das noch einmal ausdrücklich bekräftigt: *»Aber sie* (die Ungläubigen) *sagen: Das* (d.h. die koranische Verkündigung) *ist nichts als Schwindel, den er* (Mohammed) *ausgeheckt hat, und bei dem ihm andere Leute geholfen haben. Sie begehen aber mit einer solchen Aussage Frevel und machen sich der Lügenhaftigkeit schuldig. Und sie sagen: Es sind die Geschichten der früheren Generationen, die er sich aufgeschrieben hat. Sie werden ihm morgens und abends diktiert.«*

KEIN PROPHET UNTER PROPHETEN

Hier kommen Menschen in den Blick, die die Autorität Mohammeds in Frage stellen. Sie werden als Frevler und Lügner bezeichnet. Und damit ist klar: Mohammed hat sich nie als Prophet unter Propheten verstanden. Er trat mit unbedingter, absoluter Autorität auf und sah sich als der Beglaubiger der früheren Propheten oder der Letzte der Propheten. Somit müssen sich – nach muslimischer Sicht – an Mohammed und seiner Lehre alle Propheten der Menschheitsgeschichte messen lassen. Denn wenn er das *»Siegel der Propheten«* ist, kann nur das, was er als gültig bezeichnet, auch wirklich gültig sein.

VERBINDLICH IST NUR, WAS MOHAMMED LEHRT

Damit wird nun eine Eigentümlichkeit des Islam fassbar: Für Muslime hat nur das, was mit Mohammed gekommen ist, höchste Glaubwürdigkeit. Texte aus der Zeit vor Mohammed haben ihre letzte Verbindlichkeit und Bedeutung verloren.

Ein Beispiel mag das verdeutlichen: Wenn heute jemand wissen möchte, wer Jesus eigentlich war, dann wird er sich höchstwahrscheinlich mit den Evangelien des Neuen Testaments befassen, denn deren Abfassungszeit liegt zeitlich besonders nah an den Ereignissen um Jesus Christus. Es sind Dokumente, die einen hohen historischen Wert haben.

Ganz falsch, würde ein Muslim dazu sagen. Zwar seien die Evangelien viel älter als der Koran und damit viel näher am Leben Jesu dran, aber ihr Alter nütze ihnen nichts, denn sie seien allesamt im Laufe der Zeit verfälscht worden. Darum lieferten sie keine gültigen und wahren Informationen über Jesus. Nur das, was Mohammed im Koran über Jesus geschrieben habe, sei allein wahr und gültig, denn Mohammed sei doch das *»Siegel der Propheten«*, der Beglaubiger der früheren Propheten und Letzter der Propheten.

UNÜBERBRÜCKBARE GEGENSÄTZE

Hier wird ein schroffer, unüberbrückbarer Gegensatz sichtbar. Der Anspruch Mohammeds, der letztgültige Gesandte Gottes und das *»Siegel der Propheten«* zu sein, ist unvereinbar mit dem Anspruch Jesu, der Sohn Gottes, Erlöser und Herr zu sein.

Jesus selbst hat die Bedeutung seiner Person und seines Auftrags mit diesen Worten beschrieben (Joh 14,6): *»Ich bin der Weg und die Wahrheit und das Leben. Niemand kommt zum Vater außer durch mich.«* Und in Johannes 10,33 stellte er fest: *»Ich und der Vater sind eins.«* Bereits diese zwei Selbstaussagen Jesu sind völlig unvereinbar mit dem Anspruch Mohammeds. Einer von beiden kann nur recht haben: Jesus oder Mohammed. In der Person Jesu und in der Mohammeds stehen sich einander ausschließende Selbstaussagen gegenüber, die keine wie auch immer geartete Harmonisierung zulassen.

2.2 Der Koran

DER KORAN –
ENTSCHEIDENDE GRUNDLAGE DES ISLAM

Zu den entscheidenden Grundlagen des Islam gehört neben Mohammed als Person auch der Koran, der nach muslimischer Überzeugung durch Mohammed offenbart wurde.

Das Wort *Koran* stammt von dem arabischen Wort *quara* ab und bedeutet eigentlich »aufsagen«. Für orthodoxe (strenggläubige) Muslime ist es undenkbar, den Koran in einer anderen als der arabischen Sprache zu lesen. Koranschulen widmen sich daher vor allem der korrekten arabischen Lesung bzw. Rezitation des Korans und nur am Rande der inhaltlichen Auseinandersetzung in der jeweiligen Muttersprache. Koranübersetzungen in verschiedene Sprachen (auch ins Deutsche) existieren zwar, werden aber von strenggläubigen Muslimen nicht akzeptiert, da sie der Ansicht sind, dass der Koran nur in der arabischen Originalsprache angemessen verstanden werden könne.

Nun ist natürlich jedem Übersetzer bekannt, dass die Übersetzung eines Textes in eine andere Sprache niemals absolute Präzision und Genauigkeit erreichen kann. Dazu sind die menschlichen Sprachen zu verschieden. Gleichwohl muss deutlich gesagt werden, dass es heute gute und präzise Übersetzungen des Korans ins Deutsche gibt, die den Sinn des arabischen Textes durchaus angemessen wiedergeben. Eine der besten und international anerkannten Übersetzungen des Korans ins Deutsche ist zum Beispiel die von Professor Rudi Paret. Er verbindet in seiner Übersetzung größtmögliche Nähe zum Originaltext des Korans mit bestmöglicher Lesbarkeit. Alle Koranzitate in diesem Buch sind der Koranübersetzung von Professor Paret entnommen.

114 SUREN BILDEN DEN KORAN

Der Koran hat ungefähr den Umfang des Neuen Testaments und besteht aus 114 Kapiteln, auch Suren genannt. Die Suren ihrerseits sind wiederum in *ayat* (Verse) unterteilt. Die Suren des Korans sind weder chronologisch noch thematisch geordnet. Nach der kurzen Einführungssure folgt mit der zweiten die längste Sure des Korans. Danach werden die Suren – mit einigen wenigen Ausnahmen – immer kürzer.

Alle Suren im Koran tragen Überschriften, zum Beispiel »Kuh« (Sure 2), »Jona« (Sure 10), »Josef« (Sure 12), »Abraham« (Sure 14), »Maria« (Sure 19), »Ehescheidung« (Sure 65), »Schnelle Pferde« (Sure 99), »Elefant« (Sure 105), »Untreue« (Sure 109) und »Menschen« (Sure 114).

VIELE BEZUGNAHMEN AUF DIE BIBEL

In den Suren des Korans finden sich auch viele Anklänge und direkte Bezugnahmen auf die Bibel (Altes und Neues Testament). So finden sich zum Beispiel der Bericht vom Baum der Erkenntnis und vom Sündenfall (7,19-27), aber auch Erzählungen über bekannte biblische Persönlichkeiten wie zum Beispiel Noah (7,59-64.59-174;26,115), Abraham (29,16-18;37,99-113 Isaaks Opferung), Josef und seine Brüder (12,1-111), Mose (20,9-98;26,10-66;28,1-41), Lot, David, Salomo, Hiob, Ismael, Jona, Zacharias, Maria (21,51-73) und sogar die Königin von Saba (27,17-44.51-73), die im Koran allesamt als Zeugen des Islam auftreten.

Die Erzählungen des Korans weichen aber von den biblischen Originalberichten oft erheblich ab. Sie sind – so kann man unschwer erkennen – inhaltlich verändert worden und aus dem ursprünglichen biblischen Zusammenhang gerissen. Die biblische Heilsgeschichte, die ja in der Bibel von Abraham und

Jakob über das Volk Israel bis hin zu Jesus verläuft, findet sich im Koran nicht wieder. Die Personen, die im Koran die bekannten biblischen Namen tragen, verkünden eigentlich alle mehr oder weniger die einfache Botschaft des Islam: Allah vertrauen, rechtschaffen leben, Allahs Gericht fürchten, die Auferstehung der Toten erwarten. Im Koran sind alle biblischen Personen zu Muslimen geworden.

JESUS WIRD IM KORAN ERWÄHNT

Auch Jesus findet im Koran Erwähnung: Der Koran lehrt zum Beispiel, dass Jesus von einer Jungfrau geboren wurde, Wunder vollbrachte, ein sündloses Leben führte, zum Himmel fuhr und am Ende der Zeit wiederkommen wird. Jesus gilt im Koran als Gesandter Gottes und als Prophet (Sure 5,75;19,30-31). Die Kreuzigung Jesu allerdings wird geleugnet (Sure 4,156-158). Der Koran bestreitet auch, dass Jesus Gottes Sohn war (5,72;19,34,35.88-92).

Mohammed gab die Inhalte des Korans im Laufe der Zeit mündlich an seine Gefolgsleute weiter. Die schrieben seine Worte auf und sammelten sie nach seinem Tod. Dann sichtete und prüfte man alle umlaufenden Schriften mit den Aussprüchen Mohammeds und gab eine einzige autorisierte Fassung des Korans heraus. Alle anderen Koranausgaben wurden vernichtet. Interessant ist nun, was Mohammed im Einzelnen über den Koran gelehrt hat:

»Allah ist einer allein. Es gibt keinen Gott außer ihm. Er ist der Lebendige und Beständige. Er hat die Schrift auf dich (Mohammed) herabgesandt. ... Diejenigen, die an die Zeichen Gottes (Koran) nicht glauben, haben dereinst eine schwere Strafe zu erwarten. Allah ist mächtig. Er lässt die Sünder seine Rache fühlen« (Sure 3,1-4).

Der Koran lehrt hier unzweideutig, dass er ein Buch mit göttlicher Autorität ist. Nicht Mohammed ist sein eigentlicher Verfasser, sondern Allah, so betont Sure 3. Der Koran erhebt also den Anspruch, dass er ein Buch vom Himmel ist, das auf Mohammed herabgesandt wurde, wobei Mohammed als Übermittler, nicht aber als sein Verfasser diente. Um diesen hohen Anspruch zu unterstreichen, droht Sure 3,1-4 denjenigen, die dem Koran nicht glauben, schwere Strafen und die Rache Allahs an.

Natürlich stellt sich die Frage, wie der Koran den hohen Anspruch, Gottes eigenes Wort zu sein, eigentlich begründet. Es ist schließlich *eine* Sache, diesen Anspruch zu erheben, *eine ganz andere* Sache aber, ihn auch inhaltlich zu begründen.

Die Bibel begründet ihren Anspruch, Gottes unfehlbares Wort zu sein, unter anderem mit dem einzigartigen Phänomen erfüllter Prophetie, das es *so* nur in der Bibel gibt. Durch Propheten, durch einzelne berufene Menschen, gab Gott seine Pläne mit den Menschen bekannt, lange bevor sie dann tatsächlich in Erfüllung gingen.

Der Wissenschaftler und Mathematiker Peter Stoner[6] hat sich einmal die Mühe gemacht und acht biblische Prophezeiungen untersucht, die Details aus dem Leben Jesu vorhersagen. Mithilfe der Wahrscheinlichkeitsrechnung ermittelte er, wie groß die Wahrscheinlichkeit ist, dass sich diese acht (!) Prophezeiungen über Jesus durch Zufall erfüllt haben könnten. Nach gründlicher Prüfung der Fakten kam er zu der gigantischen Zahl von 1 zu 100 Billiarden: Das ist eine eins mit 17 Nullen dahinter!

Und damit nicht genug. Stoner hat danach noch weitere 40 Prophezeiungen über Jesus untersucht und berechnet, wie groß die Wahrscheinlichkeit ist, dass alle 48 Weissagungen sich durch Zufall in ihm erfüllt haben könnten. Er kam auf eine Zahl, für die die Mathematik keinen Namen mehr hat. Es ist eine Zahl mit 157 Nullen – eine unvorstellbare Zahl!

Damit ist klar, dass der Zufall ausscheidet, wenn es um die Erfüllung biblischer Prophezeiungen geht. Das gleichzeitige Eintreffen so vieler biblischer Voraussagen in einer einzigen Person, nämlich Jesus, ist eigentlich nur durch ein Eingreifen Gottes erklärbar. Dieses Phänomen erfüllter Prophetie ist ein Punkt, mit dem die Bibel ihren Anspruch begründet, das autoritative Wort Gottes zu sein.

ANSPRUCH OHNE LEGITIMIERUNG

Wie aber legitimiert der Koran seinen gleichlautenden Anspruch? Es fehlt ihm doch das Phänomen erfüllter Prophetie, wie es für die Bibel so typisch ist. Die Antwort ist sehr einfach: Der Koran erhebt den Anspruch, Gottes Wort zu sein – ohne Begründung!

Das wird auch in der folgenden Sure 17,105-106 deutlich: *»Mit der Wahrheit haben wir ihn* (d. h. den Koran) *hinabgesandt, und mit der Wahrheit ist er hinabgekommen. Es ist ein Koran, den wir abgeteilt haben, damit du* (Mohammed) *ihn den Menschen in aller Ruhe vortragen kannst. Und wir haben ihn wirklich als Offenbarung auf dich hinabgesandt.«*

In Sure 53,4.10 heißt es: *»Der Koran ist nichts anderes als eine inspirierte Offenbarung. ... Und er* (nämlich Allah) *gab seinem Diener* (Mohammed) *jene Offenbarung ein.«*

Der Koran beansprucht, die Wahrheit zu bringen, die letztgültige Offenbarung Allahs zu sein. Er lehrt sogar, dass der Koran eine wörtlich inspirierte Offenbarung sei. Aber der Koran präsentiert keine Fakten, um diesen Anspruch glaubwürdig zu machen. Gerade in seinem Anspruch, das offenbarte, wahre, inspirierte und autoritative Wort Gottes zu sein, hat der Koran ein Glaubwürdigkeitsproblem. Und er steht auch in diesem Punkt in unüberbrückbarem Gegensatz zur biblischen Offenbarung.

Im 2. Timotheusbrief 3,16 heißt es: *»Denn alle Schrift* (gemeint ist hier vor allem das Alte Testament) *ist von Gott eingegeben und nütze zur Lehre, zur Zurechtweisung, zur Besserung, zur Erziehung in der Gerechtigkeit.«* Und der 2. Petrusbrief ergänzt: *»Es ist noch nie eine Weissagung aus menschlichem Willen hervorgebracht worden, sondern getrieben von dem heiligen Geist haben Menschen im Namen Gottes geredet«* (2Petr 1,21).

KORAN ODER BIBEL?

Beide – Bibel und Koran – beanspruchen, das inspirierte, autoritative Wort Gottes zu sein. Beide sind aber in ihren inhaltlichen Aussagen viel zu unterschiedlich, als dass sie irgendwie harmonisiert werden können. Daraus folgt, dass nur einer von beiden zu Recht den Anspruch erheben kann, das Wort Gottes zu sein. Die Bibel untermauert ihren Anspruch unter anderem mit dem Phänomen erfüllter Prophetie. Der Koran vermag dies nicht zu tun.

Mohammed war übrigens längere Zeit der – allerdings unzutreffenden – Meinung, dass Koran und biblische Schriften in perfekter Harmonie stünden. Mohammed hatte das Ziel, Juden und Christen unter dem Wort des Korans zu der einen großen Gemeinschaft der Muslime zu verschmelzen. Im Koran hat er dieses Ziel auch deutlich formuliert:

»Und wir (gemeint ist Allah) *haben die Schrift* (Koran) *nur darum zu dir hinabgesandt, damit du ihnen* (d. h. den Angehörigen der früheren Offenbarungsreligionen) *klarmachst, worüber sie bisher uneins waren und als Rechtleitung und Barmherzigkeit für Leute, die glauben«* (Sure 16,64).

Später, als Mohammed begriff, dass weder Juden noch Christen ihn als Propheten akzeptierten und der Koran als Gottes Offenbarung von ihnen abgelehnt wurde, änderte sich seine Haltung zu den biblischen Schriften. Sie wurde nun zunehmend kritischer:

»Weil sie (die Juden) *aber ihren Bund brachen, haben wir sie verflucht und ihre Herzen verhärtet. Sie entstellten die Worte. Und sie vergaßen einen Teil von dem, womit sie ermahnt worden waren … Und mit denjenigen, die sagen: ›Wir sind Christen‹ schlossen wir einen Bund. Sie vergaßen einen Teil von dem, womit sie ermahnt worden waren. So erregten wir unter ihnen Feindschaft und Hass; dies wird bis zum Tag der Auferstehung andauern«* (Sure 5,13-14).

Sure 2,74-75 unterstellt den Juden sogar die absichtliche Verfälschung des Wortes Gottes: *»Hierauf, nachdem sich das ereignet hatte, verhärteten sich eure Herzen, so dass sie wie Steine wurden, oder sogar noch härter … Erhofft ihr* (die Muslime) *etwa, dass sie* (die Juden) *mit euch glauben, wo doch ein Teil von ihnen das Wort Gottes hörte, es dann aber wissentlich entstellte, nachdem er es verstanden hatte.«*

FÄLSCHUNGEN IN DER BIBEL?

Heute zählt das Dogma von der Verfälschung der biblischen Schriften zum festen Bestandteil muslimischer Lehre. Dabei ist interessant, dass muslimische Gelehrte ihre Behauptung, dass die Berichte der Evangelien über Jesus alle verfälscht seien, in der Regel mit den Ergebnissen der bibelkritischen Forschung begründen, wobei oft dem Apostel Paulus die Rolle des Fälschers zugeschoben wird. Herausragende muslimische Verfechter dieser Schriftverfälschungstheorie sind zum Beispiel Muhammad Raschid Rida[7] (1865-1935), Muhammad Abu Zahra[8] (1898-1974) und Ahmad Shalabi[9] (*1921). Sie sagen (sinngemäß): Die historisch-kritische

Bibelwissenschaft hat ja selbst erwiesen, dass die Berichte der Evangelien unglaubwürdig und nichts als historische Fälschungen sind. Warum also sollte man ihnen Vertrauen entgegenbringen? Das heißt, die – faktisch höchst problematischen, weil unter Ideologieverdacht stehenden – Behauptungen der Bibelkritik werden heute von Muslimen dazu verwendet, um die Autorität Mohammeds und des Korans zu stützen: Ironie der Geschichte.

Die bekannte Islamforscherin Dr. Christine Schirrmacher schreibt dazu: »Erst die in großem Maße populär gewordene Bibelkritik Europas im 18. und 19. Jahrhundert lieferte den muslimischen Theologen die lange gesuchten ›Beweise‹ für die völlige Unhaltbarkeit des Alten und Neuen Testaments als Gottes Offenbarung. Etliche Werke europäischer Theologen und Philosophen, deren gemeinsames Anliegen es war, die über viele Jahrhunderte der christlichen Kirchengeschichte fast einhellig anerkannte Authentizität der Bibel in Frage zu stellen und durch die Aufzählung von vermeintlichen Widersprüchen oder historischen Unhaltbarkeiten zunichte zu machen, wurden im Nahen Osten übersetzt und die dort gefundenen Argumente in das muslimische Dogma von der Verfälschung der Bibel bereitwillig integriert. Wenn die christlichen Schriftgelehrten sogar selbst die Verfälschung ihrer Schriften ›bewiesen‹, dann war das für muslimische Theologen nur die letzte Bestätigung der Aussage des Korans, der diesen Vorwurf – wenn auch weniger detailliert – schon immer erhoben hatte. Man kann davon ausgehen, dass die in zeitgenössischen muslimischen apologetischen Werken üblich gewordenen – für die Glaubwürdigkeit der Evangelien stets negativ ausfallenden – Vergleiche zwischen den synoptischen Evangelien ausschließlich aus den Werken europäischer Theologen in die muslimische Apologetik übernommen wurden.«[10]

SUNNA, SCHARIA, IDSCHMA ...

Neben dem Koran gibt es in der Religion des Islam noch weitere Schriften, die von hoher Bedeutung sind. Zwar reicht keine dieser Schriften an die Autorität des Korans heran, trotzdem sind sie für das tägliche Leben der Muslime nicht unwichtig.

An erster Stelle ist dabei die sogenannte *Sunna* (Brauch) zu nennen. Sie wird in den *Hadithen* (Traditionen) überliefert und berichtet von den herausragenden Taten und Aussprüchen Mohammeds und seiner engsten Gefolgsleute. Sie berichtet auch von Mohammeds Entscheidungen in einzelnen wichtigen Fragen. Die Sunna ist bei der Auslegung des Korans von erheblicher Bedeutung. Nach ihr nennt sich die Mehrheit der Muslime *Sunniten*.

Neben der Sunna ist die Scharia (*Weg zur Tränke* oder *rechter, gebahnter Weg*) ein wichtiger Begriff des muslimsichen Glaubens. Entgegen einer weitverbreiteten Meinung, handelt es sich bei der Scharia nicht um ein kodifiziertes Gesetzbuch, das man beispielsweise im Buchladen erwerben könnte. Der Begriff beschreibt vielmehr die Fülle islamischer Rechtsnormen, wie sie frühere und heutige muslimische Gelehrte aus den islamischen Quellen ableiten. Dabei geht es neben den Fragen nach der richtigen Ausübung der rituellen Pflichten wie des Betens und des Fastens unter anderem um die Bereiche Bekleidung, Ehe, Erbrecht, Kriegsrecht, Religionsfreiheit, Stiftungen, Strafrecht und Wirtschaft. Wenn der Koran oder die Sunna zu einer bestimmten Frage schweigen, beziehen sich die Rechtsgutachter häufig auf den Konsens (*idschma*) der großen Rechtsgelehrten aus den ersten zwei bis drei Jahrhunderten des Islam oder sie wenden im Rahmen eine Analogieschlusses (*qiyas*) eine bestehende Rechtsbestimmung auf eine vergleichbare Situation an.

Die Scharia als Staatsgesetz gibt es nur in wenigen islamischen Ländern (zum Beispiel im Iran). Die meisten islamischen Länder haben entweder ein westlich geprägtes Recht oder eine Mischform aus Scharia und westlichem Recht. Fakt ist aber, dass radikale islamistische Gruppierungen auf die kompromisslose Einführung und Einhaltung der Scharia drängen und damit einen islamistischen Gottesstaat anstreben.

KRITISCHE NACHFRAGEN UNERWÜNSCHT

Der Koran aber ist und bleibt die wichtigste religiöse Urkunde der Muslime. Er darf – vor allem in der Moschee – nur in der arabischen Originalsprache gelesen werden. Eine historisch-kritische Auslegung des Korans, wie sie unter liberalen christlichen Theologen in Bezug auf die Bibel allgemein üblich ist, wäre für muslimische Gelehrte undenkbar. Auch eine kritische Auseinandersetzung mit der Person und dem Leben Mohammeds ist für Muslime undenkbar. Wo sie öffentlich geführt wird, sind wütende Proteste vorprogrammiert, wie die weltweite Aufregung um die Mohammed-Karikaturen immer wieder zeigt. Es gibt gegenwärtig nur sehr wenige Muslime, die bereit sind, sich auch mit ihrem Glauben öffentlich kritischen Nachfragen zu stellen. Zu diesen seltenen Ausnahmen zählt zum Beispiel der Göttinger Politologe und bekennende liberale Muslim Prof. Bassam Tibi[11]. In der Regel aber neigen Muslime eher dazu, sich in die schützende Gemeinschaft der Gleichgesinnten zurückzuziehen und kritischen Auseinandersetzungen mit Andersdenkenden aus dem Wege zu gehen.

Nicht zuletzt aufgrund dieses Verhaltensmusters ist es in den westlichen Ländern in den vergangenen Jahrzehnten vermehrt zur Bildung von muslimisch geprägten Parallelgesellschaften gekommen. Diese nach außen hin oft sorgsam abgeschirmten kulturellen Gettos widersetzen sich bewusst allen Versuchen zu einer Integration in die Gesellschaft. Sie bilden oft genug auch den idealen Nährboden für die demagogischen Predigten radikaler Islamisten. Hier zeichnen sich schwerwiegende Probleme ab, die auch Christen nicht unberührt lassen können, sondern verantwortliches Handeln erfordern. In einem späteren Kapitel wird davon noch ausführlicher die Rede sein.

Nach der Beschäftigung mit den Grundlagen des Islam rücken nun aber zunächst seine konkreten Inhalte in den Mittelpunkt des Interesses.

3.
DIE LEHRE DES ISLAM

3.1 Die Person Allahs

ALLAH – EIN FERNER GOTT

Das Wort *Allah* ist abgeleitet von dem arabischen Wort *Al-Ilah* (das höchste Wesen). Die Anrede Gottes als Allah ist nicht Mohammeds Idee gewesen. Er fand diese Anrede Gottes bereits in Mekka vor. Dort wurde nämlich neben vielen anderen Göttern auch ein höchster Gott Allah verehrt. Das Neue, das durch Mohammed kam, bestand darin, dass er Allah zum einzigen Gott erklärte und so der Vielgötterei der Stadt Mekka einen strengen Monotheismus gegenüberstellte. Das zentrale Glaubensbekenntnis der Muslime heißt darum: »*Ich bezeuge: Es gibt keinen Gott außer Allah, und ich bezeuge, Mohammed ist sein Prophet.*«

Fragt man nun, was der Koran über Allah, das höchste Wesen, lehrt, erlebt man eine Überraschung. Er lehrt nämlich sehr wenig über ihn. Natürlich ist im Koran immer von Allah die Rede. Allah wird im Koran auch mit vielen Namen angeredet, z. B. der Gnädige, der All-Erbarmer, der Gütige, der Erhabene, der Richter usw. Der Koran hat auch sehr viel dazu zu sagen, wie Menschen sich Allah gegenüber richtig verhalten sollen. Aber Allah in Person bleibt seltsam fern, entrückt, ungreifbar und unberechenbar.

EIN HIMMEL OHNE GOTT

Das wird besonders an den Aussagen des Korans über den Himmel (das Paradies) deutlich. Denn in dem Himmel des Korans ist Allah merkwürdigerweise nicht anwesend:

»Die Gottesfürchtigen dagegen befinden sich an einem sicheren Standort, in Gärten und Quellen, in Sundus- und Istabraq-Brokat gekleidet, auf Ruhebetten einander gegenüber liegend. So ist das. Und wir geben ihnen großäugige Huris als Gattinnen, und sie verlangen darin (d. h. in den Paradiesgärten) in Sicherheit und Frieden nach allerlei Früchten. ... Das ist dann das große Glück« (Sure 44,51-55.57).

Der Himmel des Korans ist eine Flussaue, wo Wasser fließt, wo Ruhebetten stehen, wo die Gläubigen in Sundus- und Istabraq-Brokat gekleidet sind und wo großäugige Huris zu Diensten stehen. Viele Koranstellen lassen darauf schließen, dass Allah im Himmel keine wichtige Rolle für die Gläubigen spielt, wobei einige Theologen aus Sure 75,21-23 die Möglichkeit einer begrenzten Gottesschau für *auserwählte* Gläubige ableiten. Der Allah des Korans ist einfach zu erhaben, als dass er sich in persönliche Gemeinschaft mit Menschen begeben könnte.

DER GOTT DER BIBEL IST EIN GOTT DER NÄHE

Hält man die Aussagen der Bibel gegen die Aussagen des Korans, wird sofort der Unterschied deutlich: Der Gott der Bibel ist nicht zu erhaben, um in direkte persönliche Gemeinschaft mit den Menschen zu treten. Im 1. Kapitel des Johannesevangeliums heißt es: *»Und das Wort ward Fleisch und wohnte unter uns. Und wir sahen seine Herrlichkeit: Eine Herrlichkeit als des eingeborenen Sohnes vom Vater voller Gnade und Wahrheit«* (Joh 1,14). Nach biblischer Aussage ist es also Gottes ausdrücklicher Wunsch, seinen Kindern schon in deren irdischem Leben nahe zu sein, und wie viel mehr dann noch im Himmel! Im Buch der Offenbarung ist dazu Folgendes zu lesen: *»Gott wird* (im Himmel nämlich) *bei ihnen wohnen, und sie werden sein Volk sein, und er selbst, Gott mit ihnen, wird ihr Gott sein; und Gott wird abwischen alle Tränen von ihren Augen, und der Tod wird nicht mehr sein, noch Leid, noch Geschrei noch Schmerz wird mehr sein; denn das Erste ist vergangen«* (Offb 21,3-4). Es ist schon erstaunlich: So viel Nähe wird sein im Himmel zwischen Gott und den Menschen, dass Gott selbst (!) seinen Kindern die Tränen vom Gesicht abwischen wird.

Der Allah des Korans dagegen ist seltsam fern, entrückt, ungreifbar und unberechenbar – im Himmel sowieso, und erst recht im irdischen Leben der Muslime. Das hängt damit zusammen, dass Allah im Koran vor allem *eine* Eigenschaft hat: Er ist allmächtig und souverän.

ALLAHS ALLMACHT

In Sure 57,22-24 heißt es: *»Kein Unglück trifft ein, weder irgendwo auf der Erde, noch bei euch selber, ohne dass es in einer Schrift verzeichnet wäre, noch ehe wir es erschaffen. Dies alles zu wissen, ist Allah ein Leichtes. Lasst euch gesagt sein, dass alles, was geschieht, von Allah vorherbestimmt ist, damit ihr euch wegen dessen, was euch an Glücksgütern entgangen ist, nicht unnötig Kummer macht und damit ihr euch über das, was er euch gegeben hat,*

nicht zu sehr freut, indem ihr es als euren wohlverdienten und un-
veräußerlichen Besitz betrachtet. Gott liebt keinen, der eingebildet
und prahlerisch ist.«

Hier tritt Allahs Allmacht und Souveränität klar fassbar hervor. Souverän gebietet er nach Aussage des Korans
über alles, was geschieht. Es ist ihm sogar *»ein Leichtes«*.
Alles ist vorherbestimmt – Gutes, wie Böses. Allahs Allmacht durchdringt und umfasst alles. Der Mensch und
sein persönliches Schicksal sind angesichts der Allmacht
Allahs letztlich bedeutungslos. Der Mensch muss sich seinem Ratschluss fügen. Er hat keine Möglichkeit, Allahs
Wirken in irgendeiner Weise zu beeinflussen. Er kann sich
nur unterwerfen. Nicht umsonst hat ja das Wort »Islam«
die Bedeutung »Unterwerfung«. Echte persönliche Gemeinschaft *mit* Allah und eine persönliche Beziehung *zu*
Allah sind also nicht möglich. Allah ist so erhaben, dass
er dem Menschen niemals im Sinne echter Gemeinschaft
wirklich nahe kommt. Von Muslimen wird dem manchmal
Sure 50,16 „[Wir] sind ihm [dem Menschen] näher als seine Halsschlagader" entgegengesetzt. Im Kontext des Textes geht es hier aber eher um die Warnung, dass Allah alle
(bösen) menschlichen Gedanken kennt.

ALLMACHT ODER WILLKÜR?

Allahs Haupteigenschaft ist seine Allmacht und Souveränität. Alles, was der Koran sonst noch über Allah lehrt, ordnet
sich dieser einen Haupteigenschaft unter. Und das hat nun
Konsequenzen. Denn eine Allmacht, die durch keine anderen Eigenschaften ergänzt wird, bedeutet Willkür, bedeutet
Unberechenbarkeit. Und *die* tritt nun in der folgenden Sure
deutlich zutage: *»Der Donner preist ihn* (nämlich Allah)*, und
desgleichen die Engel, aus Furcht vor ihm. Er schickt die Blitze und*

Donnerschläge und trifft damit, wen er will. Dabei streiten sie (die Ungläubigen) über Allah, wo er sich doch so gewaltig zeigt und voller Tücke ist« (Sure 13,12-13).

Es ist interessant, wie Allah hier beschrieben wird. Er wird als »gewaltig« beschrieben, also als allmächtig. Und dann taucht ein Wort auf, das die Auswirkung dieser Allmacht näher beschreibt: »Tücke«, und das bedeutet doch Unberechenbarkeit, Undurchschaubarkeit, Unbeständigkeit. Dies ist nach Aussage des Korans das Wesen Allahs. Er ist in seinem Handeln unberechenbar, undurchschaubar, unbeständig. Er kann sich aufgrund seiner Allmacht so oder so zeigen in seinem Handeln. Nie aber kann man wissen, wie er im nächsten Moment entscheiden wird.

ALLAHS ALLMACHT UND DIE VERGEBUNG

Und das ist ein besonders wichtiger Punkt. Denn diese unberechenbare, undurchschaubare Allmacht Allahs betrifft auch den Vorgang seiner Vergebung:

»Wenn du (Allah) sie (die Menschen) bestrafst, so sind sie deine Diener, mit denen du tun kannst, was du willst. Und wenn du ihnen vergibst, steht das ebenfalls in deinem Belieben« (Sure 5,118).

»Wenn du vergibst«, so heißt es hier von Allah, »steht das in deinem Belieben.« Das heißt, Allahs Vergebung ist Auswirkung seiner *Allmacht*, nicht Auswirkung der *Liebe*. Und das macht einen großen Unterschied aus. Allahs Vergebung ist an seine Allmacht gebunden und an sonst gar nichts! Und damit ist klar: Er kann heute vergeben, morgen aber nicht. Er kann dem einen vergeben, dem anderen aber nicht. Er kann den einen ins Paradies, den anderen in die *Dschehenna* (Hölle) schicken. Er kann gnädig sein oder nicht. Es steht alles in seinem Belieben. Es ist alles unberechenbar!

ALLMACHT OHNE LIEBE IST WILLKÜR

Auch an dieser Stelle wird der unüberbrückbare Gegensatz zu den Aussagen der Bibel über den lebendigen Gott greifbar. Sicher hat auch die Bibel eine Menge zu sagen über die Souveränität und Allmacht Gottes. Das ist keine Frage. Aber in der Bibel vereinigt Gott in seinem Wesen die Allmacht *und* die Liebe. Das bedeutet, Gott handelt zwar immer souverän, aber immer auch in Liebe. Seine Liebe bewegt ihn dazu, verlorene Menschen zu suchen und zu retten. Es ist die Liebe seines Herzens, die ihn dazu bewegte, Jesus, seinen Sohn, in die Welt zu schicken und ihn am Kreuz für die Schuld der Menschen sterben zu lassen. Es ist die Liebe seines Herzens, die ihn dazu bewegt, den Menschen immer wieder neu entgegenzukommen.

Besonders interessant und aufschlussreich ist in diesem Zusammenhang das großartige Wort aus dem dritten Kapitel des Johannesevangeliums, in dem die Liebe Gottes definiert wird (Joh 3,16). Dort heißt es: *»So (auf diese Weise) hat Gott die Welt geliebt, dass er seinen einzigen Sohn gab, damit alle, die an ihn glauben, nicht verloren gehen, sondern ewiges Leben haben.«* Hier wird unübersehbar deutlich, dass der allmächtige, souveräne Gott den ersten Schritt auf die Menschen zu tut, sich hinein in ihre Welt bewegt und sogar seinen Sohn in den Tod gibt, um sie zu retten und ihnen ewiges Leben zu geben. Der Gott der Bibel ist ein Gott, der kommt, weil seine Liebe ihn treibt. Allah dagegen ist ein Gott, der unbewegt, fern und unerkennbar im Himmel seine Allmacht ausübt. Er ist unbewegt und unberechenbar, denn Allmacht ohne Liebe ist Willkür.

IST ALLAH EIN LIEBENDER GOTT?

Nun könnte man aber einwenden: Hat denn der Koran nicht doch auch einiges über die Liebe Allahs zu sagen. Ist es nicht einseitig, seine Allmacht hier so sehr zu betonen? Es stimmt, dass der Koran auch etwas über die Liebe Allahs zu sagen hat: »*Allah ist auch einer, der liebreich ist und bereit zu vergeben*« (Sure 85,14).

Das scheint auf den ersten Blick eine klare Aussage zu sein! Aber Vorsicht! Denn die Liebe Allahs im Koran ist immer an eine Bedingung gebunden. Und diese Bedingung heißt »rechtschaffenes Leben«.

Sure 19,96 formuliert es so: »*Denen, die glauben und tun, was recht ist, wird der Barmherzige dereinst Liebe zukommen lassen.*«

Die Liebe Allahs hat im Koran *immer* eine Bedingung, nämlich praktiziertes Vertrauen in Allah (*Glauben*) und »*tun, was recht ist*« (siehe auch Sure 3,31: „Sag: Wenn ihr Gott liebt, dann folgt mir, damit (auch) Gott euch liebt und euch eure Schuld vergibt! Gott ist barmherzig und bereit zu vergeben.“). Dahinter steckt der Gedanke, dass der Mensch nach Meinung des Korans in sich weder gut noch böse, sondern neutral ist. Das heißt, er kann sich für das Tun des Guten entscheiden, wenn er nur will. Und wenn er richtig entscheidet und tut, was recht ist, dann (und nur dann!) wird Allah ihm seine Liebe schenken.

Es ist in diesem Zusammenhang sehr interessant zu sehen, wem Allah nach Aussage des Korans seine Liebe *nicht* schenkt. Hier sind ein paar Beispiele:

- »*Betet in Demut und im Verborgenen zu eurem Herrn! Er liebt die nicht, die Übertretungen begehen*« (Sure 7,55).
- »*Allah liebt die nicht, die Unheil anrichten*« (Sure 28,77).
- »*Aber die Ungläubigen liebt Allah nicht*« (Sure 30,45).
- »*Allah liebt die Frevler nicht*« (Sure 42,40).
- »*Allah liebt keinen, der eingebildet und prahlerisch ist. Er liebt diejenigen nicht, die geizig sind und den Leuten gebieten, geizig zu sein*« (Sure 57,23-24).

Die Liebe Allahs ist nach klarer Aussage des Korans durch enge Grenzen markiert. Der Mensch hat zunächst eine Bringschuld. Er muss sich dafür entscheiden, das Rechte zu tun und es dann auch auszuführen. Er muss – praktisch gesprochen – nach den »Fünf Säulen« des Islam leben und deren Forderungen umfassend und genauestens erfüllen. *Nur dann* kann er mit der Liebe Allahs rechnen. Allahs Liebe ist also eine bedingte Liebe. Wer aber kann ihre Bedingungen wirklich erfüllen? Und was ist mit denen, die es – aus was für Gründen auch immer – nicht können?

3.2 Die Praxis des Islam

EIN LEBEN NACH DEN »FÜNF SÄULEN«

Was muss ein Muslim tun, wenn er begründete Aussicht haben will, in den Himmel zu kommen? Wie sieht ein »rechtschaffenes Leben« im Sinne des Korans aus?

Mohammed hatte dazu sehr klare Vorstellungen. In Medina legte er die fünf wichtigsten Lebensregeln fest, die jeder Muslim einhalten muss. Er gab ihnen den Namen: Die »Fünf Säulen«. Jeder Muslim auf der Erde ist verpflichtet, die Weisungen der Fünf Säulen in seinem Leben genauestens umzusetzen und zu praktizieren. Die Fünf Säulen des Islam sind: 1. das Bekenntnis zu Allah, 2. die Gebete, 3. das Fasten, 4. die Gabe von Almosen und 5. die große Pilgerfahrt (*haddsch*).

DIE ERSTE SÄULE: DAS GLAUBENSBEKENNTNIS

Das Glaubensbekenntnis der Muslime ist sehr kurz. Es lautet: *»Ich bezeuge: Es gibt keinen Gott außer Allah, und ich bezeuge, Mohammed ist sein Prophet.«* Spricht ein erwachsener

Mensch dieses Glaubensbekenntnis vor mehreren Zeugen mit innerer Überzeugung aus, ist er damit zum Islam übergetreten. Er ist Muslim geworden und gehört ab sofort zur weltweiten Gemeinschaft der Muslime (*Umma*).

Das Glaubensbekenntnis der Muslime muss mehrmals täglich beim vorgeschriebenen Gebet gesprochen werden. Es darf auf keinen Fall versäumt werden. Wer es dennoch versäumt, macht sich damit vor Allah schuldig.

ZUM BEKENNTNIS DAS FLIESSBAND ANHALTEN?

In einem muslimischen Land mag es noch am ehesten möglich sein, das Bekenntnis zu Allah zur rechten Zeit mit den rechten Worten zu sprechen. Hier im Westen aber gerät jeder Muslim damit in echte Schwierigkeiten. Kein Mensch wird zum Beispiel bei VW das Band anhalten, nur weil ein muslimischer Mitarbeiter sein Bekenntnis mit den entsprechenden Verneigungen sprechen will. Das Band läuft weiter. Kein muslimischer Taxifahrer oder Busfahrer kann seine Fahrt unterbrechen und seine Fahrgäste warten lassen, nur weil das Bekenntnis zu Allah jetzt gesprochen werden muss. Die Fahrt geht weiter. Kein muslimischer Arbeiter oder Angestellter kann seine Arbeit unterbrechen, nur weil die erste Säule des Islam jetzt das Bekenntnis verlangt. Die Arbeit geht weiter. Es steht also hundert gegen eins zu wetten, dass Muslime – zumindest hier im Westen, wahrscheinlich aber auch in den muslimischen Ländern – große Schwierigkeiten haben werden, auch nur diese erste Säule des Islam vollkommen zu praktizieren – auch wenn es bei Gebet, Speisevorschriften etc. Ausnahmeregelungen geben kann. Man kann sich darum vorstellen, unter welchen inneren Druck ein Muslim kommen muss, der immer wieder seine Pflichten vor Allah an dieser Stelle verletzt.

DAS BEKENNTNIS DER CHRISTEN

Es ist sehr aufschlussreich, an dieser Stelle zu fragen: Wie lautete eigentlich das allererste Bekenntnis der Christen? Das zentrale Bekenntnis der Muslime lautet: »*Ich bezeuge: Es gibt keinen Gott außer Allah, und ich bezeuge, Mohammed ist sein Prophet.*« Aber welches Bekenntnis hatten die ersten Christen? Nun, ihr Bekenntnis war ähnlich kurz wie das muslimische Glaubensbekenntnis. Es lautete: »Jesus Christus, Sohn Gottes, Retter.« Nach den griechischen Anfangsbuchstaben wurde dieses Bekenntnis mit dem Wort »*ichtys*« (Fisch) abgekürzt.

DER GOTT DER BIBEL HAT EINEN SOHN, DER GOTT DES KORANS NICHT

Schon an diesen beiden Glaubensbekenntnissen, dem muslimischen und dem christlichen, wird der himmelweite Unterschied zwischen der biblischen Offenbarung und der muslimischen Religion deutlich. Es ist dieser: Der Gott der Bibel hat einen Sohn. Der Gott des Korans aber hat keinen Sohn. Und damit ist klar, es kann sich nie und nimmer um ein und denselben Gott handeln.

Man kann immer wieder hören, dass der Allah des Korans und der Gott der Bibel nur zwei verschiedene Bezeichnungen für ein und denselben Gott seien. Koran und Bibel sagten doch im Wesentlichen dasselbe. Weit gefehlt! Schon die beiden Urbekenntnisse von Muslimen bzw. Christen machen deutlich: Es *kann* sich nicht um denselben Gott handeln, denn der Gott der Bibel *hat* einen Sohn, der am Kreuz von Golgatha zum Retter der Menschen wurde. Der Gott des Korans aber hat keinen Sohn und – keinen Retter!

DIE LEUGNUNG DES KREUZES

Zu den wohl verblüffendsten Dingen im Koran zählt die Tatsache, dass der Koran das entscheidende Heilsereignis der Bibel, die Kreuzigung Jesu, ausdrücklich leugnet. Der Koran lehrt, dass Jesus von einer Jungfrau geboren wurde, Wunder vollbrachte, ein sündloses Leben führte, zum Himmel fuhr und am Ende der Zeit wiederkommen wird. Jesus gilt im Koran als Gesandter Gottes und als Prophet. Die Kreuzigung Jesu allerdings wird geleugnet:

»Und sie (d. h. die Juden) *sagen: Wir haben Christus Jesus, den Sohn der Maria und Gesandten Allahs getötet. Aber sie haben ihn in Wirklichkeit nicht getötet und auch nicht gekreuzigt. Vielmehr erschien ihnen ein anderer ähnlich, so dass sie ihn mit Jesus verwechselten und töteten. ... Nein, Allah hat ihn* (nämlich Jesus) *zu sich in den Himmel erhoben. Allah ist mächtig und weise«* (Sure 4,157-158).

»Ungläubig sind diejenigen, die sagen: Gott ist Christus, der Sohn der Maria. Christus hat ja selber gesagt: Wer dem einen Gott andere Götter beigesellt, dem hat Allah von vornherein den Eingang in das Paradies versagt. Das Höllenfeuer wird ihn dereinst aufnehmen. Ungläubig sind auch diejenigen, die sagen: Allah ist einer von dreien. Es gibt keinen Gott außer einem einzigen Gott. ... Christus, der Sohn der Maria, ist nur ein Gesandter« (Sure 5,72-73.75).

Es ist verblüffend, dass die muslimischen Gelehrten bis heute die Tatsache der Kreuzigung Jesu leugnen. Und bei allem Respekt vor den religiösen Empfindungen anderer muss man an dieser Stelle sagen: Das ist reine Willkür! Hier wird schlicht die Realität geleugnet. Denn wenn es überhaupt eine gesicherte historische Tatsache der Antike gibt, dann doch wohl die, dass Jesus unter der Jurisdiktion von Pontius Pilatus ums Jahr 30 gekreuzigt wurde. Wenn man *das* leugnet, könnte man genauso gut leugnen, dass es Julius Cäsar gab oder Karl den Großen. Religiöse Vorurteile verstellen hier den Blick für die Realität.

Natürlich hat es einen Grund, dass von muslimischer Seite die Kreuzigung Jesu so hartnäckig geleugnet wird, und der hat mit dem Wesen Allahs zu tun. Da Allah viel zu erhaben ist, um sich auf eine persönliche Beziehung zu den Menschen einzulassen, ist es schlicht undenkbar, dass er in seinem Sohn an einem Kreuz hingerichtet werden und sterben könnte. Das ist für muslimisches Empfinden eine Blasphemie (Gotteslästerung).

DAS KREUZ CHRISTI:
FÜR DIE BIBEL DAS ENTSCHEIDENDE HEILSEREIGNIS

Und wieder wird daran der Unterschied zwischen der biblischen Offenbarung und dem Koran Mohammeds deutlich. Für die Bibel ist der Tod des Gottessohnes Jesus am Kreuz das entscheidende Heilsereignis, denn dort wird die Erlösung vollbracht. Für den Koran dagegen ist die Kreuzigung Jesu ein Unding, schlicht undenkbar, weil nicht sein kann, was nicht sein darf. Deswegen kann der Koran auch keine Erlösung anbieten, nur eine Selbsterlösung durch ein »rechtschaffenes Leben«, das sich an den »Fünf Säulen« des Islam orientiert.

Der Apostel Paulus schrieb: *»Das Wort vom Kreuz ist eine Torheit denen, die verloren gehen. Uns aber, die wir gerettet werden, ist es eine Kraft Gottes«* (1Kor 1,18).

DIE ZWEITE SÄULE: DAS GEBET

Jeder Muslim ist verpflichtet, fünfmal am Tag zu Allah zu beten. Dies geschieht zu genau festgelegten Gebetszeiten: bei Morgendämmerung, zu Mittag, am Nachmittag, nach Sonnenuntergang und am späten Abend. Das Gebet darf nur in einer Notlage versäumt werden und muss später unbedingt nachgeholt werden. Auch Kranke dürfen das Gebet nur aufschieben. Wer das Gebet versäumt oder vergisst, begeht nach der Lehre Mohammeds die schwerste Verfehlung überhaupt.

Inhalt und Ablauf des Gebets sind genau festgelegt. Der Betende steht mit dem Gesicht in Richtung der Stadt Mekka. Er sagt: *»Ich suche Zuflucht beim Herrn der Menschen.«* Dann betet er die erste Sure des Korans, die Eröffnungssure. Sie lautet: *»Im Namen Allahs, des Barmherzigen und Gnädigen. Lob sei Allah, dem Herrn der Menschen in aller Welt, dem Barmherzigen und Gnädigen, der am Tag des Gerichtes regiert! Dir dienen wir, und dich bitten wir um Hilfe. Führe uns den geraden Weg, den Weg derer, denen du Gnade erwiesen hast, nicht den Weg derer, die deinem Zorn verfallen sind und irregehen!«*

Während des Gebetes wirft sich der Betende mehrmals nieder. Weicht er auch nur in einer Einzelheit von dem vorgeschriebenen Gebet ab, ist es ungültig. Er muss dann ganz von vorne beginnen. Das Gebet von Nichtmuslimen wird übrigens nach Aussage des Korans von Allah nicht gehört und ist von vornherein ungültig.

Es ist auch hier wieder mehr als wahrscheinlich, dass alle Muslime große Schwierigkeiten haben, diese zweite Säule des Islam vollkommen zu praktizieren. Wie leicht vergisst man einmal ein Gebet in der Hektik des Tages! Wie leicht auch verspricht man sich beim wortwörtlichen Rezitieren der Eröffnungssure. Die Möglichkeiten, Fehler zu machen, sind groß. Und wieder kann man sich vorstellen, unter welchen inneren Druck ein Muslim kommen muss, der weiß, dass er gar nicht umhin kann, auch in dieser Hinsicht seine Pflichten vor Allah zu verletzen und schuldig zu werden.

DIE DRITTE SÄULE: DAS FASTEN

Die dritte Säule des Islam ist das Fasten. Der neunte Monat im islamischen Kalender ist der Monat *Ramadan*. Er wird manchmal im Winter und manchmal im Sommer gefeiert. Das hängt damit zusammen, dass sich die islamische Zeitrechnung allein am Mondjahr orientiert. Da das Mondjahr aber 10 bis 11 Tage kürzer ist als das Sonnenjahr, verschiebt sich der Monat Ramadan jährlich um einige Tage.

Im Monat Ramadan müssen nun alle gesunden Männer und Frauen 30 Tage lang fasten. Jeweils von Sonnenaufgang bis Sonnenuntergang ist es verboten, zu essen oder zu trinken. Auch das Rauchen, die Benutzung von Parfüm, Injektionen mit der Spritze oder auch Geschlechtsverkehr sind in dieser Zeit nicht zulässig. Erst am Abend wird das Fasten mit einer reichhaltigen Mahlzeit bis zum nächsten Morgen unterbrochen. Muslime denken im Monat Ramadan in besonderer Weise an den Koran, da nach muslimischer Überzeugung in diesem Monat die erste Sure des Korans an Mohammed vom Engel Gabriel übergeben wurde.

Wer den ganzen Tag weder essen noch trinken darf, kann keine schwere Arbeit leisten. Geschäfte und Behörden öffnen darum in muslimisch geprägten Ländern im Monat Ramadan nur wenige Stunden täglich. Das öffentliche Leben hört weitgehend auf. Es wird still in den Städten und Dörfern. In den westlich geprägten Ländern dagegen wird kaum Rücksicht auf die Fastenzeit genommen. Für viele strenggläubige Muslime ist darum das Fasten kaum durchzuhalten. Manche lassen es dabei bewenden, dass sie symbolisch einen Tag fasten. Ein gutes Gewissen hat keiner dabei.

Reisende und Frauen, die gerade ein Kind zur Welt gebracht haben, nehmen übrigens nicht am Fasten teil. Das Gleiche gilt für Frauen, die ihre Regelblutung haben. Sie müssen das Fasten allerdings später unbedingt nachholen.

Kleine Kinder und Babys sind grundsätzlich vom Fasten im Ramadan ausgenommen.

Auch die Bibel hat viel Positives über das Fasten zu sagen (Mt 6,18; Mt 17,21; Lk 2,37; 1Kor 7,5). Die Schwierigkeit beim muslimischen Fasten liegt aber darin, dass es als Leistung vor Allah gebracht werden muss, um wenigstens eine Aussicht auf seine Vergebung zu haben. Ein einziges unvorschriftsmäßiges Brechen des Fastens entwertet aber das gesamte Fasten. Auch hier kann man sich vorstellen, in welche inneren Nöte Muslime geraten können, die das Fasten zwar genau einhalten wollen, es aber nicht wirklich schaffen.

DIE VIERTE SÄULE: DIE GABE VON ALMOSEN

Der Koran ordnet die Gabe von Almosen verbindlich an. Jeder Muslim ist verpflichtet, einen Teil seines Einkommens als Almosen (arab. *zakat*) an Bedürftige zu verschenken. Wer kommt als Empfänger solcher Almosen in Frage? Der Koran nennt Arme, Verschuldete, Gefangene, Reisende und solche, die im besonderen Einsatz für Allah unterwegs sind (zum Beispiel islamische Gelehrte). Sure 2,177 nennt auch den „Kämpfer auf dem Wege Gottes" als legitimen Empfänger der Almosen – heute vor allem im Kontext der Terrorfinanzierung aktuell. Die Höhe der gespendeten Almosen wird im Koran nicht genau festgelegt. Im Allgemeinen spenden Muslime ungefähr 2-10 % ihres Einkommens. Almosen werden vor allem während der großen islamischen Feste gegeben, zum Beispiel beim Fest des Fastenbrechens am Ende des Ramadan oder beim Opferfest. Eine Kirchensteuer, wie es sie bei den großen christlichen Kirchen in der Bundesrepublik gibt, lehnen Muslime strikt ab, weil sie nicht freiwillig ist.

FREIWILLIGE ALMOSEN?

Wirklich freiwillig sind allerdings auch die muslimischen Almosen wohl nicht. Schließlich ist die Verweigerung der Almosen eine Verschuldung vor Allah, die automatisch vom Himmel ausschließt. Unklar ist auch, wie viel Almosen genug sind, um vor Allah bestehen zu können, umso mehr, als der Koran hierzu keine genauen Angaben macht. Kein Muslim kann je wissen, ob er genug Almosen gegeben hat. Eine Unsicherheit bleibt immer.

DIE FÜNFTE SÄULE: DIE GROSSE PILGERFAHRT

Jeder Muslim, der finanziell dazu in der Lage ist, hat die Aufgabe, mindestens einmal in seinem Leben die Große Pilgerfahrt (*haddsch*) nach Mekka in Saudi-Arabien zu unternehmen. Etwa zwei Millionen Muslime führen jedes Jahr diese Pilgerfahrt durch. Dafür gibt es verbindliche Vorschriften, die unbedingt eingehalten werden müssen, und freiwillige Zusatzregeln, die empfohlen werden. Worauf muss der Pilgerfahrer während seiner Pilgerfahrt besonders achten?

Am Anfang steht eine Waschung. Sie muss in dem Augenblick vorgenommen werden, in dem der Pilgerfahrer den »Heiligen Bezirk« um die Städte Mekka und Medina betritt. Durch die Waschung kommt der Pilgerfahrer nach muslimischer Überzeugung in den sogenannten »Weihezustand«. Von diesem Augenblick sind ihm der Gebrauch von Parfüm und Schmuck, aber auch Streit, nutzloses Gerede und Geschlechtsverkehr verboten. Der Pilgerfahrer zieht nun ein spezielles weißes Gewand ohne Nähte an, das später als sein Leichentuch verwendet wird.

In der Stadt Mekka angekommen, umschreitet er siebenmal die Kaaba. Die Kaaba ist ein würfelförmiges Haus in der Mitte der Großen Moschee von Mekka, in dem sich ein schwarzer Stein befindet. Der Pilger versucht, an der Nordostecke der Kaaba in die Nähe des schwarzen Steins zu kommen. Muslime glauben, dass dort die Segenskraft besonders groß ist.

Die nächste Station der Pilgerfahrt sind zwei Hügel in der Nähe der Stadt Mekka. Sie heißen Safa und Marwah. Zwischen diesen beiden Hügeln wandert der Pilgerfahrer nun dreimal hin und her. Anschließend hört er die Predigt eines *Imam* (islamischen Gelehrten) in Mekka.

Sind diese Aufgaben erledigt, begibt sich der Pilger in die Pilgerstadt Mina und verbringt dort die Nacht. Da die Stadt viel zu klein ist, um allen pilgernden Muslimen Unterkunft bieten zu können, schlafen viele in großen Zeltstädten oder auch ganz einfach auf der Straße.

An die Übernachtung in Mina schließt sich eine Wanderung von ungefähr 25 Kilometern zum Berg Arafat an. Zusammen mit vielen anderen besteigt der Pilger diesen Berg und betet zu Allah. Dies ist der Höhepunkt der Großen Pilgerreise.

Nach dem Aufenthalt auf dem Berg Arafat, eilt der Pilger weiter durch das Tal Muzdalifa. Er sammelt dort entweder 49 oder 70 Steine und kehrt dann in die Stadt Mina zurück.

In Mina werden die gesammelten Steine an eine spezielle Säule geworfen. Das Werfen der Steine ist ein Symbol für die Steinigung des Teufels. Im Rahmen des muslimischen Opferfestes opfert der Pilgerfahrer anschließend noch auf einem Schlachtplatz in Mina ein Schaf. Danach kehrt er nach Mekka zurück und umrundet die Kaaba aufs Neue siebenmal. Damit gelten die verbindlichen Vorschriften der großen Pilgerfahrt als erfüllt.

Viele Muslime verbringen nach Abschluss der großen Pilgerfahrt noch einige Tage in Mina oder reisen nach Medina, um die Gräber Mohammeds und der beiden ersten Kalifen Abu Bakr und Omar zu besuchen.

DIE »FÜNF SÄULEN« –
RELIGIÖSE BRINGSCHULD DER MUSLIME

Wie man sehen konnte, sind die »Fünf Säulen« des Islam mit erheblichen Mühen verbunden. Ihre Hauptschwierigkeit aber liegt darin, dass ein Muslim niemals weiß, ob er diese seine Pflichten vor Allah richtig und vollständig ausgeführt hat. Er weiß nicht, welches Urteil Allah am Ende der Tage über ihn fällen wird. Eine eklatante Heilsungewissheit begleitet also jeden Muslim durch sein Leben. Auch die größten religiösen Anstrengungen werden sein Gewissen nicht beruhigen können.

Jeder Muslim hat immer eine Bringschuld Allah gegenüber. Er muss sich dafür entscheiden, das Rechte zu tun und nach den Vorschriften der »Fünf Säulen« dann auch konsequent zu leben. Nur dann kann er mit der Liebe Allahs und mit dem Eingang ins Paradies rechnen. Eine große Unsicherheit wird also trotz allen religiösen Bemühens immer bleiben. Die bange Frage nach Rettung oder Verlorenheit, Himmel oder Hölle bleibt für Muslime ein Leben lang unbeantwortet. Niemals in seinem irdischen Leben kann ein Muslim wissen, ob seine religiösen Bemühungen in Allahs Augen ausreichend sind.

DIE BIBEL LEHRT DIE NUTZLOSIGKEIT
RELIGIÖSER ANSTRENGUNGEN

Und wieder ist der Unterschied zu den Aussagen der Bibel mit Händen zu greifen. Denn die Bibel lehrt eben all dies *nicht*, was der Koran lehrt. Die Bibel lehrt nicht, dass der Mensch neutral ist und sich aus eigener Kraft zum Guten entscheiden kann. Sie lehrt, dass der Mensch böse ist von Jugend auf: *»Das Dichten und Trachten des menschlichen Herzens ist böse von Jugend auf«* (1Mo 8,21). Die Bibel lehrt weiter, dass der Mensch sich eben nicht selbst durch religiöse Anstrengungen helfen kann, weil er nämlich geistlich *»tot ist in Übertretungen und Sünden«* (Eph 2,1). Sie lehrt, dass kein einziger Mensch vor Gott gerecht sein kann durch eigenes Tun: *»Da ist keiner, der gerecht ist, auch nicht einer«*, sagt das Buch Hiob (Hi 4,17; Röm 3,11). Und der Galaterbrief betont: *»Durch die Gesetzeswerke wird kein Mensch gerecht«* (Gal 2,16).

DER GOTT DER BIBEL WENDET SICH GERADE DEN SÜNDERN ZU

Die Bibel lehrt weiter, dass es Gottes Art ist, sich gerade der Unwürdigen und Sünder anzunehmen und sie zu retten. Hat nicht Jesus gelehrt (Lk 19,10) *»der Menschensohn ist gekommen, um zu suchen und zu retten, was verloren ist«?* Und es heißt schon im Alten Testament, dass Gott das kleine Volk Israel erwählt habe, gerade weil es das kleinste unter allen Völkern gewesen sei: *»Nicht hat euch der Herr angenommen und euch erwählt, weil ihr größer wäret als alle Völker – denn du bist das kleinste unter allen Völkern, sondern weil er euch geliebt hat und damit er seinen Eid hielte, den er euren Vätern geschworen hat«* (5Mo 7,7-8).

Biblisch gesehen verhält es sich so, dass Gott sich gerade *darin* zeigt und verherrlicht, dass er sich den Sündern, den Nichtrechtschaffenen zuwendet und sie rettet und zu seinen Kindern macht. Er mutet den Menschen eben gerade *keine* Bringschuld zu, weil er weiß, dass sie die gar nicht erfüllen können. Er, Gott, sorgt selbst dafür, dass Menschen, die gar nicht zu ihm passen, weil sie Sünder sind, doch passend für ihn werden, weil er sie beruft und rettet und heiligt durch Jesus, den Gekreuzigten und Auferstandenen. Gott ist ein Gott, der gerade den Verlorenen entgegengeht, wie der Vater im Gleichnis vom verlorenen Sohn (Lk 15,11-24), der ja auch seinem Sohn entgegenlief, als er verlebt und verludert wieder zu Hause auftauchte. Der lebendige Gott ist ein Gott, der aus reiner, unbegreiflicher Gnade alles tut, damit aus verlorenen, schuldbeladenen Menschen doch noch gerettete Kinder Gottes werden können. *»Denn aus Gnade seid ihr gerettet worden, durch den Glauben, und das nicht aus euch: Gottes Gabe ist es, nicht aus Werken, damit sich nicht jemand rühme«* (Eph 2,8-9). Oder noch straffer formuliert im Römerbrief: *»Gott aber erweist seine Liebe zu uns darin, dass Christus für uns gestorben ist, als wir noch Sünder waren«* (Röm 5,8). Undenkbar, dass so ein Satz im Koran stünde!

DIE GEWISSHEIT DES HEILS IN CHRISTUS

Und – ganz wichtig – Gott gibt den Menschen mit Jesus, seinem Sohn, auch Heilsgewissheit. Im Römerbrief steht dazu ein wichtiger Satz: *»Gott hat Jesus Christus für den Glauben hingestellt als Sühne in seinem Blut zum Erweis seiner Gerechtigkeit, indem er die Sünden vergibt«* (Röm 3,25). Gott hat das Kreuz seines Sohnes Jesus förmlich hingestellt für uns Menschen! Man kann innerlich immer wieder dorthin sehen und sagen: »Dort ist bezahlt worden für meine Schuld. Dort ist für alles gesühnt worden, was ich in meinem Leben an Sünde angehäuft habe. Dort ist mein Heil, meine Rettung vollbracht worden. Ich kann und brauche nichts hinzuzufügen. Christi Blut hat all meine Schuld ausgelöscht. Vollständig und für immer! Es ist alles gut geworden.«

DAS GROSSE »VIELLEICHT« DES KORANS

Der Koran hingegen lehrt Werke, rechtschaffenes Leben, Bemühung und Anstrengung als Vorbedingung für Allahs

Liebe. Und immer steht vor der Rettung ein »Vielleicht«!
Eine hoffnungslose Sache …

*»Ihr Gläubigen! Übt Geduld und bemüht euch, standhaft und fest
zu bleiben! Und fürchtet Allah!* **Vielleicht** *wird es euch dann
wohl ergehen«* (Sure 3,200).

*»Und am Tag, da die Stunde des Gerichtes sich einstellt, an jenem
Tag werden sie* (d. h. die Menschen) *sich in zwei Gruppen tei-
len: Diejenigen, die in ihrem Erdenleben gläubig waren und getan
haben, was recht ist, finden in einem Garten Ergötzung. Diejenigen
aber, die ungläubig waren und unsere Zeichen* (Koran), *und die
Tatsache, dass sie dereinst das Jenseits erleben werden, für Lüge erklärt haben, werden zur Bestrafung in der Hölle vorgeführt«* (Sure
30,14-16).

*»Denjenigen aber, die glauben und tun, was recht ist, werden die
Gärten der Wonne zuteil, in denen sie ewig weilen werden. Das ist
das Versprechen Allahs und als solches die Wahrheit. Und er ist
der Mächtige und Weise«* (Sure 31,8-9).

*»Diejenigen, die glauben und tun, was recht ist, – diejenigen, die
recht handeln, bringen wir nicht um ihren Lohn. Ihnen werden
dereinst die Gärten von Eden zuteil, in deren Niederungen Bäche
fließen. Sie sind dann mit Armringen aus Gold geschmückt und in
grüne Gewänder aus Sundus- und Istabraq-Brokat gekleidet und
liegen behaglich auf Ruhebetten – ein trefflicher Lohn und ein guter Ruheplatz«* (Sure 18,30-31).

DAS JOCH DES GESETZES

Es wird deutlich: Der Koran legt dem Menschen das Joch
des Gesetzes auf. Er verpflichtet ihn, aus eigenem Entschluss

und aus eigener Kraft ein gutes, rechtschaffenes Leben nach den Maßstäben des Korans zu führen, setzt aber vor sein Heil in der Ewigkeit dennoch ein »Vielleicht«, denn es ist Allah, der in seiner Allmacht über Rettung oder Verdammnis entscheidet und dessen Ratschluss ungewiss ist.

Wer aber kann wirklich ein gutes, rechtschaffenes Leben führen? Keiner kann das! Und natürlich wissen das viele Muslime auch. Und so leben viele Muslime mit der unheilvollen Erkenntnis, dass sie Allahs Forderungen nicht wirklich erfüllen können und darum möglicherweise zur Hölle fahren werden. Andere Muslime allerdings glauben tatsächlich, dass sie ausreichend gläubig und rechtschaffen leben (zumindest gläubiger und rechtschaffener als viele andere); sie rufen nicht verzweifelt nach einem gnädigen Gott, sondern sind aufgrund der ständigen koranischen Betonung *»Gott ist barmherzig und bereit zu vergeben«* völlig von sich überzeugt. Und damit ist klar: Muslime sind Menschen, die von ihrer Religion eine furchtbare Last aufgelegt bekommen, die eigentlich kein Mensch tragen kann: die Last des Gesetzes. Eigentlich sind es Menschen wie sie, denen das Wort Jesu aus dem Matthäusevangelium gilt (Mt 11,28-30): *»Kommt her zu mir, alle, die ihr mühselig und beladen seid; ich will euch aufrichten! Nehmt auf euch **mein Joch** (das Joch der geschenkten Gerechtigkeit!) und lernt von mir; denn ich bin sanftmütig und von Herzen demütig; so werdet ihr Ruhe finden für eure Seelen. Denn mein Joch ist sanft, und meine Last ist leicht!«*

ERBARMEN IST NÖTIG!

Und darum ist Erbarmen angesagt im Umgang mit Muslimen, Erbarmen und nicht Empörung! Denn es sind Menschen, die so sehr Befreiung und Erlösung brauchen, aber nicht wissen, wo sie sie finden können.

Der Evangelist und Gründer der Organisation *Open Doors*, Bruder Andrew, plädiert darum für mehr Mut und Barmherzigkeit von Christen gegenüber Muslimen, die verzweifelt nach dem Lebenssinn suchen. Viele Christen, sagt er, resignierten heute vor der Herausforderung durch den Islam. Bruder Andrew wörtlich: »Muslime glauben nicht – wie wir Christen –, dass Jesus der Sohn Gottes ist und dass er am Kreuz sein Blut für die Sünden der Menschen vergossen hat. Aber genau das ist die Antwort, die wir ihnen in ihrer Situation geben müssen. Christen sollen darum Kontakt zu Muslimen suchen und ihnen in Liebe diese Frohe Botschaft weitersagen. Die Auseinandersetzung mit dem Islam werden wir nie mit Diskussionen oder Predigten gewinnen können. Wir müssen hingehen und ihnen vorleben, wie Jesus einen Menschen verändern kann.«[12] Und so ist es wirklich!

3.3 Der Jihad
(Anstrengung um Allahs willen)

Spätestens seit dem 11. September 2001 spielt in der öffentlichen Diskussion über den Islam ein Wort eine Rolle, das sich tief ins Bewusstsein der Menschen eingeprägt hat: *Jihad.*

JIHAD

Jihad heißt übersetzt »Anstrengung um Allahs willen«. Damit kann jede größere Aktion gemeint sein, die Muslime gemeinsam tun, z. B. eine friedliche »Anstrengung um Allahs willen« zur Ausbreitung des Islam. Es kann damit aber natürlich auch eine kriegerische oder auch terroristische »Anstrengung um

Allahs willen« gemeint sein. In Presse, Funk und Fernsehen wird *Jihad* meist mit »Heiliger Krieg« übersetzt. Das ist nicht ganz falsch, engt den Begriff aber zu sehr ein. »Anstrengung um Allahs willen« ist die bessere Übersetzung.

Trotzdem ist es so, dass dieser Begriff heute vor allem bei terroristischen Anschlägen, ausgeführt von radikalen Islamisten, eine Rolle spielt. Immer wieder werden sogenannte »Rucksackbomben« von muslimischen Selbstmordattentätern an ein Anschlagsziel getragen (z. B. in Israel) und dort dann gezündet. Und immer wieder ist vom *Jihad* in den islamistischen Bekennervideos im Internet die Rede. Fassungslos steht man vor der Tatsache, dass immer wieder offensichtlich gerade junge Menschen bereit sind, ihr Leben als Selbstmordattentäter zu lassen. Und natürlich stellt sich die Frage: Warum tun sie das?

EIN RÄTSELHAFTES PHÄNOMEN

Wahrscheinlich kommen viele Faktoren zusammen: Armut und fehlende Zukunftsperspektiven könnten eine Rolle spielen, die gescheiterte Suche nach einem großen übergeordneten Sinn im Leben oder auch einfach die Anfälligkeit für die hasserfüllten Parolen islamistischer Demagogen. Aber dies alles allein kann das Phänomen nicht erklären. Es kommt ein entscheidender religiöser Beweggrund dazu. Wie bereits ausgeführt wurde, kennt der Islam keine Heilsgewissheit. Er zeigt keinen sicheren, gangbaren Weg in den Himmel auf. Zwar lehrt er die Bemühungen der »Fünf Säulen«, lässt aber offen, wohin diese Bemühungen führen werden, ob in den Himmel oder in die Hölle. Er legt den Muslimen damit eine furchtbare Last auf.

DER MÄRTYRERTOD IM JIHAD

Nur *einen* Weg nennt der Koran, der (angeblich) unmittelbar und direkt in den Himmel führt. Das ist der Weg des Märtyrertodes im *Jihad*:

»Diejenigen aber, die das diesseitige Leben um den Preis des Jenseits verkaufen, sollen um Allahs willen kämpfen. Und wenn einer um Allahs willen kämpft, und er wird getötet – oder er siegt – werden wir ihm im Jenseits gewaltigen Lohn geben« (Sure 4,74).

»Prophet! Führe Krieg gegen die Ungläubigen und die Heuchler und sei hart gegen sie! Die Hölle wird sie dereinst aufnehmen – ein schlimmes Ende!« (Sure 9,73).

»Denjenigen, die gegen die Ungläubigen kämpfen, ist die Erlaubnis zum Kämpfen erteilt worden, weil ihnen vorher Unrecht geschehen ist. Allah hat die Macht, ihnen zu helfen« (Sure 22,39).

»Und wenn ihr um Gottes willen getötet werdet und sterbt, so ist jedenfalls Vergebung und Barmherzigkeit von Allah besser als das, was im Diesseits an Geld und Gut zusammenbringt. Und wenn ihr sterbt oder getötet werdet, so werdet ihr jedenfalls zu Allah versammelt werden« (Sure 3,157-158).

... DER EINZIGE SICHERE WEG IN DEN HIMMEL

Es ist dramatisch, aber wahr: Der einzige sichere Weg zu Allah, den der Koran anbietet, ist der Weg des Märtyrertodes im *Jihad*. Und gerade für viele junge Muslime wird dieser Weg zur Versuchung. Sie spüren, dass der Koran ihnen keine Gewissheit bieten kann, was ihre Rettung für die Ewigkeit angeht, und so geben sie ihr Leben als Selbstmordattentäter dran, weil ihnen dies als der einzig sichere Weg in den

Himmel erscheint. Wie verzweifelt muss ein Mensch innerlich sein, wenn er bereit ist, so etwas zu tun! Und wie sehr braucht er die rettende, befreiende Botschaft des Evangeliums von Jesus!

MUSLIME BRAUCHEN JESUS, DEN GEKREUZIGTEN UND AUFERSTANDENEN

Noch einmal dazu Bruder Andrew: »Muslime wissen, dass sie nur durch gute Werke erlöst werden können. Aber sie wissen auch, dass sie viel mehr böse als gute Taten vollbringen. Deshalb sind viele Muslime davon überzeugt, nach dem Tod in die Hölle zu kommen. Da sie sich zudem eingestehen müssen, dass sie von Allah trotz ihrer vielen Gebete nicht erhört werden und ihnen auch der Koran keine Möglichkeit zeigt, gerettet zu werden, wählen viele radikale Muslime die Selbsttötung im Heiligen Krieg, dem *Jihad*. Nur diese ermöglicht den direkten Einzug ins Paradies. Sie sehen keinen Grund, um zu leben, also wählen sie den einzigen Grund, um zu sterben. Und wenn wir Christen nicht zu den Muslimen gehen und ihnen sagen, dass sie nicht sterben müssen, weil Jesus auch für ihre Schuld gestorben ist, wird sich an der dramatischen Lage im Nahen Osten, im Irak und in Afghanistan, nichts ändern.«[13]

Es bleibt noch eine bedeutende Frage zum Schluss: Wie können gerade Christen auf den zunehmenden Einfluss des Islam in der Bundesrepublik Deutschland verantwortlich reagieren? Wie sieht die Verantwortung der Christen in Staat und Gesellschaft angesichts der Herausforderung durch Islam und Islamismus aus?

4.

DIE HERAUSFORDERUNG DES ISLAM

4.1 Die Verantwortung der Christen in Staat und Gesellschaft

BIBLISCHE GRUNDLINIEN

Der lebendige Gott hat vor allem zwei Methoden – man könnte auch sagen: zwei Werkzeuge – um auf dieser Erde seine Pläne zu verwirklichen und seinen Willen durchzusetzen. Das erste Werkzeug ist die christliche Gemeinde, wo er direkt arbeitet. Das zweite ist die staatliche Obrigkeit; dort arbeitet er eher indirekt, aber durch beide arbeitet er – nur in verschiedener Weise ...

GOTTES HERRSCHAFT IN DER GEMEINDE

In der Gemeinde Jesu herrscht er direkt, und zwar durch sein Wort (die Bibel) und durch den Heiligen Geist, der dieses Wort lebendig macht und es im Leben der Christen wirksam werden lässt. In 1. Korinther 12,12-31 wird diese Tatsache mit dem Bild des Organismus ausgedrückt, der viele verschiedene Gliedmaßen, aber nur ein Haupt hat. Und der Epheserbrief führt dann weiter aus, dass Jesus Christus dieses Haupt ist, das den ganzen Leib beherrscht und bestimmt. In Epheser 4,15 heißt es: *»Lasst uns aber wahrhaftig sein in der Liebe und wachsen in allen Stücken zu dem hin, das Haupt ist, Christus.«*

Die Gemeinde Jesu ist wie ein Organismus, und Jesus ist das Haupt, das alles bestimmt und auf das hin sich alles ausrichtet. Gott verwirklicht seine Pläne und Ziele in der Welt vor allem und in erster Linie dadurch, dass er in der Gemeinde Jesu souverän herrscht und alles lenkt durch sein Wort. Bis zur Wiederkunft Jesu ist die christliche Gemeinde vor Ort die entscheidende Stelle, an der Gott gegenwärtig ist, erfahren werden kann und seine Zukunft vorbereitet. Gott hat der Gemeinde Jesu dabei vor allem die Aufgabe gestellt, das rettende Evangelium von Jesus in die Welt zu tragen. Dazu ist sie vor allem da (Mt 28,18-20), dazu will Jesus sie gebrauchen.

GOTTES HERRSCHAFT IN DER WELT

Nun geht die Bibel aber durchaus noch einen Schritt weiter. Sie zeigt, dass Jesus Christus nicht nur der Herr seiner Gemeinde ist, sondern auch Herr über die Welt: *»Gott hat Christus von den Toten auferweckt und eingesetzt zu seiner Rechten im Himmel über alle Reiche, Gewalt, Macht, Herrschaft und alles, was sonst einen Namen hat, nicht allein in dieser Welt, sondern auch in der zukünftigen. Und alles hat er unter seine Füße getan und hat ihn gesetzt der Gemeinde zum Haupt über alles, welche sein Leib ist, nämlich die Fülle dessen, der alles in allem erfüllt«* (Eph 1,20-23).

Jesus ist das Haupt der Gemeinde. Er ist aber gleichzeitig *auch der Herr über alle »Reiche, Gewalt, Macht, Herrschaft und alles, was«* Rang und *»Namen hat«* in der Welt. Und beide – die Gemeinde und die staatliche Obrigkeit – gebraucht er als Werkzeuge, um seine Pläne zu verwirklichen. Auch in der Begegnung mit der staatlichen Obrigkeit haben wir es also mit Gott zu tun. Auch durch sie handelt und wirkt er, wenn auch in anderer Weise als in der Gemeinde Jesu – nämlich indirekt.

Im 13. Kapitel des Römerbriefes hat der Apostel Paulus diesen Sachverhalt etwas näher erläutert: *»Jedermann sei untertan der Obrigkeit, die Gewalt über ihn hat. Denn es ist keine Obrigkeit außer von Gott; wo aber Obrigkeit ist, die ist von Gott angeordnet. Wer sich nun der Obrigkeit widersetzt, der widerstrebt der Anordnung Gottes; die ihr aber widerstreben, ziehen sich selbst das Urteil zu. Denn vor denen, die Gewalt haben, muss man sich nicht fürchten wegen guter, sondern wegen böser Werke. Willst du dich aber nicht fürchten vor der Obrigkeit, so tue Gutes; so wirst du Lob von ihr erhalten. Denn sie ist Gottes Dienerin, dir zugut. Tust du aber Böses, so fürchte dich; denn sie trägt das Schwert nicht umsonst: Sie ist Gottes Dienerin und vollzieht das Strafgericht an dem, der Böses tut. Darum ist es notwendig, sich unterzuordnen, nicht allein um der Strafe, sondern auch um des Gewissens willen«* (Röm 13,1-6).

STAATLICHE ORDNUNG IST VON GOTT GEWOLLT

Jede (ausnahmslos jede) staatliche Obrigkeit ist von Gott angeordnet. Paulus macht das ganz klar, wenn er schreibt: Es gibt *»keine Obrigkeit außer von Gott«*. Und dann formuliert er es positiv und fügt hinzu: Die staatliche Obrigkeit ist *»Gottes Dienerin«*. Also jede (!) staatliche Obrigkeit, die man auf der Erde vorfindet, besteht, weil Gott das so angeordnet hat.

Das heißt nun nicht, dass diejenigen Personen, die gerade an der Macht sind, daraus den Anspruch ableiten können, für immer an der Macht bleiben zu müssen. Das heißt auch nicht, dass Gott mit allem einverstanden ist, was staatliche Obrigkeiten machen. Aber es ist Gottes ausdrücklicher Wille, dass es unter den Menschen so etwas wie Regierungen und Obrigkeiten gibt, die Macht und Gewalt ausüben.

Warum will Gott das so? Warum legt er so viel Wert darauf, dass es Regierung, Verwaltung, Polizei und Gerichte gibt? Der Apostel Paulus gibt die Antwort darauf (Röm 13,4): Es geschieht *»uns zugut«*. Genauer: Paulus schreibt (Röm 13,3-4), dass es Aufgabe der staatlichen Obrigkeit ist, Gutes zu *»loben«*, also zu schützen, und Böses zu richten, also zu bestrafen.[14] Gott will also, dass es so etwas wie Regierung, Verwaltung, Polizei und Gerichte gibt, damit wenigstens ein Mindestmaß an öffentlicher Ordnung aufrechterhalten bleibt. Denn die ist zum Leben einfach nötig. Noch genauer gesagt Gott selbst sorgt dafür, dass es überall auf der Welt eine ordnende staatliche Gewalt gibt, damit die gröbsten Auswirkungen der Sünde eingedämmt und wenigstens einigermaßen neutralisiert werden.

Dabei ist klar, dass jede staatliche Obrigkeit, egal, wie sie personell besetzt ist, Teil der Welt ist. Sie steht darum auch mit unter der Macht der Sünde. Sie ist äußerst unvollkommen und steht auch immer wieder in Gefahr, innerlich korrupt zu werden. Sie ist ein äußerst brüchiges Werkzeug Gottes. Und dennoch ist es so, dass sie ihren von Gott verordneten Dienst tut. Selbst sehr üble Regime und Diktaturen wissen, dass sie ein Mindestmaß an Gerechtigkeit und Ordnung aufrechterhalten müssen, sonst gerät die Gesellschaft aus den Fugen. Sonst werden sie über kurz oder lang hinweggefegt, können sich nicht halten und werden durch eine andere Regierung ersetzt: Das Beispiel Idi Amin von Uganda führt es plastisch vor Augen. Eine

Zeitung berichtete im August 2003[15]: »Amin gehörte zu den gewalttätigsten und schillerndsten Herrschern Afrikas. Der ehemalige ugandische Schwergewichtsmeister im Boxen, der ohne größere Bildung sein ganzes Leben als Soldat erst der britischen Kolonialarmee, dann der ugandischen Streitkräfte verbrachte, wurde vier Jahre nach der Unabhängigkeit Ugandas 1966 Armeechef. Nachdem ihn der damalige Präsident Milton Obote gefeuert hatte, nutzte Amin Anfang 1971 dessen Auslandsreise und putschte sich selbst an die Macht. Kurz darauf machte er sich selbst zum Staatschef auf Lebenszeit, ernannte sich zum Feldmarschall, hängte sich fast jeden Monat einen neuen Orden an und proklamierte sich später gar zum ›König von Schottland‹ und ›Eroberer des Britischen Empire in Afrika‹. Während die Welt über ihn lachte, etablierte er in seinem Land ein Schreckensregime. Weil er nur seinem eigenen Stamm traute, ließ der Mann, der sich als Verehrer Hitlers bezeichnete, Tausende Offiziere und Soldaten der Armee, die anderen ethnischen Gruppen angehörten, umbringen und durch seine Leute ersetzen. Seine Streitkräfte durften foltern und töten. Zahlreiche Minister, der Oberste Richter und der anglikanische Erzbischof wurden ermordet. Ebenso fast alle Intellektuellen, die nicht rechtzeitig ins Exil flohen. Bis zu 400.000 Ugander fanden in den acht Jahren der Terrorherrschaft Amins den Tod.

Ein Jahr nach seiner Machtergreifung warf Amin Zehntausende in Uganda lebende Inder und Pakistaner, die das Geschäftsleben dominierten, aus dem Land, konfiszierte deren Eigentum und gab es an seine Günstlinge, die die Unternehmen und Geschäfte in den Ruin trieben. Später wurden auch viele westliche Unternehmen nationalisiert. Amins Schreckensherrschaft führte dazu, dass die ugandische Wirtschaft rapide zerfiel. Die gesamte Infrastruktur brach zusammen. Amin stellte Gebietsansprüche an Kenia und Sudan und erklärte im Oktober 1978 Tansania den Krieg. Sein Einmarsch wurde bald gestoppt. Im Januar 1979 drangen tansanische Truppen und ugandische Exilanten in Uganda ein. Sie erreichten im April die Hauptstadt Kampala. Amin floh mit einem von Revolutionsführer Ghadhafi zu seiner Rettung geschickten Flugzeug nach Libyen, ging dann nach Irak und fand später in Saudi-Arabien Exil – unter der Bedingung, dass er sich aus der Politik heraushält.«

EIN MINDESTMASS AN ORDNUNG

Normalerweise ist jede Regierung, jede staatliche Obrigkeit bestrebt, wenigstens ein Mindestmaß an Gerechtigkeit und Ordnung aufrechtzuerhalten. Tut sie es nicht – wie Idi Amins Regime –, wird sie sich auf Dauer nicht halten können. Jede Regierung hat also die Wahl: Entweder sie sorgt als »*Gottes Dienerin*« wenigstens für ein Mindestmaß an Gerechtigkeit und Ordnung und versieht so ihren von Gott angeordneten Dienst, oder aber sie missachtet Gerechtigkeit, Menschenwürde und öffentliche Ordnung und wird über kurz oder lang aus dem Amt vertrieben werden.

Von der Bibel her gesehen ist es ganz eindeutig nicht entscheidend, ob diejenigen, die gerade die staatliche Gewalt ausüben, nun Christen sind oder nicht. Es funktioniert unabhängig davon. Jede staatliche Obrigkeit hat ein ureigenes Interesse daran, wenigstens in Umrissen das Gute zu schützen und das Böse zu bestrafen. So erfüllt sie ihren von Gott gestellten Auftrag. Sie ist in der Tat »*Gottes Dienerin*«, auch wenn ihr das oft gar nicht bewusst sein dürfte. Und darum lehrt die Bibel in Römer 13, dass Christen sich ihrer Obrigkeit unterordnen, sie respektieren (Röm 13,1) und sogar für sie beten sollen (1Tim 2,1-2; 1Thes 4,11-12); und das völlig unabhängig davon, ob diese Obrigkeit ihren

Dienst nun gut oder weniger gut erledigt. Wer das nicht tut, wird schuldig vor Gott. Denn er widersetzt sich der »Dienerin«, die Gott angeordnet und eingesetzt hat. So steht es in Römer 13,2.

DIE OBRIGKEIT ANERKENNEN

Die Bibel lehrt nirgends, dass Christen das Recht haben, sich gegen ihre Obrigkeit aufzulehnen oder sie gar gewaltsam zu bekämpfen. Als Jesus einmal gefragt wurde, ob es denn in Ordnung sei, an einer organisierten Steuerverweigerungskampagne teilzunehmen, antwortete er, dass es keinen Grund gäbe, dem Kaiser die geforderten Steuern zu verweigern: »Gebt dem Kaiser, was des Kaisers ist« (Mt 22,21), sagte Jesus. Und hier im 13. Kapitel des Römerbriefes findet sich genau dieselbe Botschaft: »So gebt nun jedem, was ihr schuldig seid: Steuer, dem die Steuer gebührt; Zoll, dem der Zoll gebührt; Furcht, dem die Furcht gebührt; Ehre, dem die Ehre gebührt« (Röm 13,7).

ZIVILER UNGEHORSAM

Natürlich erhebt sich jetzt die Frage: Gilt das uneingeschränkt? Muss man alles – wirklich alles – tun, was einem »von oben« (von der Obrigkeit her) vorgegeben wird? Und hier lautet die Antwort: Natürlich nicht! Wenn die Obrigkeit eines Landes Gesetze erlässt, die Gottes Gebote brechen, ist es für Christen nicht nur erlaubt, sondern sogar geboten, zivilen Ungehorsam zu praktizieren. Wenn die staatliche Obrigkeit Dinge verlangt, die klar und erkennbar gegen Gottes Wort stehen, dann gilt die sogenannte *Clausula Petri*, welche lautet: »Man muss Gott mehr gehorchen als den Menschen« (Apg 5, 29).

Beispiele: Als die jüdischen Hebammen in Ägypten vom Pharao den Befehl erhielten, alle neugeborenen jüdischen Knaben gleich nach der Geburt zu töten, gehorchten sie nicht. Sie praktizierten zivilen Ungehorsam. Und Gott segnete sie dafür (2Mo 1,15-21).

Als Daniel und seine Freunde per staatlich verfügtem Gesetz gezwungen werden sollten, ein Götzenstandbild anzubeten, gehorchten sie nicht. Auch sie praktizierten zivilen Ungehorsam und Gott schützte sie (Dan 3,1-30).

Als die Apostel vom Hohen Rat in Jerusalem gezwungen werden sollten, nicht mehr das Evangelium von Jesus zu predigen, gehorchten sie nicht, sondern praktizierten zivilen Ungehorsam. Und Gott bestätigte sie darin (Apg 4,1-22; 5,17-42).

Wenn also die Obrigkeit Dinge verlangt, die klar gegen das Wort Gottes stehen, dann ist ziviler Ungehorsam nicht nur erlaubt, sondern geboten. Man muss dann aber auch bereit sein, die Konsequenzen dafür zu tragen. Die Hebammen in Israel wurden mit Sicherheit scharf verhört und zur Rede gestellt. Das war gewiss nicht angenehm. Daniel und seine Freunde warf man in einen riesigen Ofen. Die Apostel kamen ins Gefängnis. Sie gehorchten Gott mehr als den Menschen *und* sie waren bereit, die Konsequenzen dafür zu tragen.

FOLGERUNGEN

Wenn es so ist, dass die Obrigkeit *»Gottes Dienerin«* ist, und wenn es so ist, dass Gott auch durch sie handelt und in der Welt das Böse eindämmt und in Schranken hält, dann ergibt sich daraus zunächst eine grundsätzliche Folgerung für das Verhältnis von Christen zu ihrer staatlichen Ordnung. Christen haben die Pflicht, die Regierung ihres Landes an den Stellen zu unterstützen, wo sie Gutes fördert und Böses bekämpft.

PROBLEMATISCHE PAUSCHALKRITIK

Eine zuweilen anzutreffende und in der Tat problematische Einstellung unter evangelikalen Christen ist die Pauschalkritik an der demokratisch verfassten Gesellschaft der Bundesrepublik und an den westlichen Demokratien überhaupt. Problematisch ist diese Form der Pauschalkritik deswegen, weil sie leichtfertig übersieht, was für ein hohes Maß an persönlicher Freiheit und – damit verbunden – was für ein hohes Maß an Freiheit zum öffentlichen Zeugnis für Jesus diese demokratisch verfasste Gesellschaft in den zurückliegenden rund 50 Jahren ermöglicht und bereitgestellt hat.

Sicher gibt es berechtigte Punkte, an denen Gesellschaftskritik ansetzen kann und aus biblischer Sicht auch ansetzen muss. Man denke nur an die höchst grausame Abtreibungspraxis in unserm Land, die scheinbar unausrottbare Geringschätzung der Familie (betrieben von allen großen Parteien), die Ausuferung von Pornografie und Gewaltverherrlichung in den Massenmedien und manches andere mehr. An diesen Punkten ist Kritik durchaus berechtigt.

Die Frage ist nur, ob solche – sicher berechtigte – Kritik zur Fundamentalkritik an der demokratischen Gesellschaft der Bundesrepublik werden darf. Es gibt Christen, die sich aus diesem Grund fast völlig aus dem gemeinsamen Leben in diesem Land zurückgezogen haben. Sie gehen nicht zu den Wahlen, lesen keine Zeitung, hören kein Radio, sehen nicht fern. Sie unterrichten ihre Kinder zu Hause, weil ihnen selbst die Freien Evangelischen Schulen zu unbiblisch erscheinen. So leben sie in einem selbst gewählten religiösen Getto und erachten die real existierende Gesellschaft der Bundesrepublik als einen Ort, dem man sich weitestgehend entziehen muss.

Natürlich haben solche »Aussteigerchristen« ein Anrecht darauf, dass ihre Entscheidung, der Gesellschaft der Bundesrepublik den Rücken zu kehren, respektiert und geachtet wird. Oft handelt es sich bei ihnen um persönlich sehr integere Menschen, deren Zeugnis und Leben eine hohe Deckungsgleichheit aufweisen. Es stellt sich aber dennoch die Frage, ob ihr Urteil über die demokratische Gesellschaft in der Bundesrepublik *so* wirklich berechtigt ist.

SELTEN GESTELLTE FRAGEN ...

Hat die Demokratie in der Bundesrepublik Deutschland ...
- uns nicht fast 60 Jahre stabilen Frieden geschenkt?
- uns nicht seit Jahrzehnten ein sehr hohes Maß an Meinungsfreiheit ermöglicht?
- uns nicht einen zwar sicher unperfekten, aber doch immerhin leidlich funktionierenden Rechtsstaat mit staatlich garantierten Grundrechten gegeben?
- nicht den Angriffen politischer Extremisten von rechts oder links bisher erfolgreich widerstanden und die Bundesrepublik vor einem erneuten Abrutschen in politische Diktaturen bewahrt?
- den Christen nicht einen selten erlebten Freiraum zum Ausleben ihres Glaubens eröffnet?
- nicht einen Wohlstand und eine medizinische Versorgung hervorgebracht, die es so noch nie gab?
- nicht den persönlichen Freiraum des Einzelnen zur individuellen Gestaltung seines Lebens sehr groß gemacht?
- nicht eine Fülle von Bildungsmöglichkeiten geschaffen, die es vielen Menschen ermöglicht, ihre Gaben und Fähigkeiten zu entwickeln?

- nicht gerade den Christen ein Maximum an Möglichkeiten zur Evangelisation beschert, die gar nicht alle genutzt werden können?

Ist es nicht so, …
- dass gerade die oft so beschimpfte säkulare (weltliche) Demokratie mit all den Fehlern und Defiziten, die sie sicher hat, dennoch auch ein großes Geschenk Gottes ist, das wir manchmal aber gar nicht mehr recht würdigen, weil wir Tag für Tag darin leben?
- dass wir eigentlich allen Grund haben, Gott für diese – sicher unperfekte, aber im Ganzen doch auch ganz brauchbare – Demokratie von Herzen zu danken?

Anders gefragt: Stehen Aussteigerchristen, die nur das Negative an der demokratischen Gesellschaft sehen, nicht in der Gefahr, undankbar zu werden angesichts von so viel Positivem, das uns der lebendige Gott mit der Demokratie in der Bundesrepublik gegeben hat?

DEMOKRATIE ODER KALIFAT?

Was für ein Geschenk, ja, was für ein Schatz die westlich geprägte Demokratie der Bundesrepublik ist, wurde ganz neu anhand der Ereignisse vom 11. September 2001 deutlich.

An diesem Tag entführten Mitglieder der islamistischen *al-Qaida*-Terrorzelle um Mohammed Ata zwei Passagierflugzeuge und steuerten sie in die Türme des *World Trade Centers* in New York. Sie entfachten dort einen Großbrand. Tausende von Unschuldigen kamen zu Tode. Der Weltöffentlichkeit wurde damals in einem einzigen Augenblick vor Augen geführt, dass Meinungs- und Glaubensfreiheit, Menschenrechte, Demokratie und Rechtsstaat keineswegs selbstverständliche Dinge sind. Es gibt Kräfte, die eben diese Dinge für ein Zeichen von Dekadenz und Unglauben halten und nicht zögern, mit Gewalt gegen sie vorzugehen. Es gibt Kräfte, die an die Stelle von Demokratie und Meinungsfreiheit einen sogenannten Gottes- oder Kalifatstaat errichten wollen, in dem es nur eine Meinung geben kann und darf und in dem Andersdenkende und Andersglaubende mit Bedrohung und Verfolgung, eventuell sogar mit ihrer physischen Vernichtung rechnen müssen. Auch der Fall „Theo van Gogh" in den Niederlanden führt dies eindringlich vor Augen.[16]

Professor Bassam Tibi, lange Zeit Professor für Politologie an der Universität Göttingen und selbst liberaler Muslim, schreibt:

»Über das Verhältnis islamischer Migranten (Zuwanderer) zur westlichen Demokratie fand innerhalb der britischen Islam-Diaspora vor den britischen Wahlen vom Juni 2001 eine heftige Debatte statt: Demokratische Reform-Muslime riefen die Muslime mit britischem Pass zur Wahlbeteiligung auf. Dagegen haben Islamisten argumentiert, dass die Demokratie, die auf Volkssouveränität basiert, im Widerspruch zum Islam stehe, weil nur Allah Recht auf Souveränität habe. So behaupteten die Islamisten: ›Demokratie ist ein Unglaube!‹ Können es sich die Europäer leisten, sich aus solchen Debatten innerhalb ihrer Zivilisation herauszuhalten?«[17] ...

»Deutsche müssen verstehen, dass die politischen Vorstellungen der Islamisten mit individuellen Menschenrechten, Demokratie und Zivilgesellschaft nicht vereinbar sind.«[18]

»Der einflussreiche ägyptische Fundamentalisten-Scheich Mohammed al-Ghazali hat in einem 1984 in Kairo erschienenen Buch über Menschenrechte sich zwar menschenrechtsfreundlich gezeigt ... Doch derselbe selbsternannte ›Menschenrechtsscheich‹ hatte 1993 in einer *Fetwa* (Fetwa bedeutet Rechtsgutachten, nicht Todesurteil) vor dem ägyptischen

Gericht für Staatssicherheit den Mord an dem ägyptischen Schriftsteller und liberalen Muslim Faradj Fuda als legitim gerechtfertigt. ... Ghazali stütze sich bei seinem Rechtsgutachten auf seine höchstselbst geprägte Rechtsnorm: ›Im Islam darf die Tötung eines vom Glauben Abgefallenen strafrechtlich nicht verfolgt werden.‹ Ein Abfall vom Glauben liegt nach Meinung seiner Fetwa dann vor, ›wenn ein Muslim für die Aussetzung der *Scharia* eintritt‹.«[19]

»Muslime sind nach ihrer Religion verpflichtet, *Da'wa*, Aufruf zum Islam als Mission zur Verbreitung des Islam, zu betreiben. Das Mittel dazu ist der *Jihad*, was im Islam ›Anstrengung‹, nicht, wie im Westen falsch verbreitet, ›heiliger Krieg‹ bedeutet. Diese Anstrengung zur Verbreitung des Islam kann friedlich erfolgen, und die *Hidjra* (Migration, Zuwanderung, R. M.) nach Europa ist in unserer Zeit ein Beispiel dafür. Doch die *Jihad*-Pflicht darf in Notsituationen auch mit Mitteln des *Qital* (Kampf), also mit Gewalt ausgeübt werden. ... Langfristig ist die Vision der Islamisten ein ›islamisches Europa‹ ... Von türkischen und marokkanischen Migranten habe ich es mehrfach gehört: ›Wir werden einmal die Mehrheit in Europa bilden.‹ Entsprechend brachte es ein belgischer Islamist auf einem öffentlichen Treffen an der niederländischen Universität von Leiden mit folgenden Worten zum Ausdruck: ›Wir als Muslime befolgen die geltenden Gesetze in Europa‹, nicht aber ihren Geist. Dann folgte der einschränkende Nebensatz: ›... und dies, solange wir in der Minderheit sind.‹«[20]

Tibi weiß als Islam- und Migrationsexperte sehr genau, wovon er spricht. Die Vision orthodoxer und radikaler Muslime ist ein islamisches Deutschland. In schöner Offenheit beschrieb Mullah Muhammad Selim aus Köln noch im Jahr 2002 auf seiner Homepage im Internet *seine* Zukunftsperspektive:

»1. Der Abfall von Gott, dem Barmherzigen und Gnädigen, und Ablehnung jeglicher Religiosität (in der Bundesrepublik, R. M.) hat sich nicht ausgezahlt. 2. Der extensive Konsum, das Habenwollen und die Begrenzung des geistigen Horizonts auf die Gegenwart hat eine Leere (keine Nachkommenschaft) hinterlassen. 3. Der Umbruch der deutschen Gesellschaft ist unausweichlich und unaufhaltsam. 4. Die Muslime, die den Wert der Familie hochgehalten haben, werden noch die Retter in der Not sein, denn sie werden in absehbarer Zeit die alten, kinderlosen Deutschen ernähren. 5. Deutschland wird ein islamisches Land. … Ich erinnere mich noch genau an den Tag, als die DDR zusammenbrach und von heute auf morgen verschwand. So schnell wird es auch dem deutschen Staat, der niemanden mehr begeistern kann, ergehen. Und die Deutschen werden sich dem Islam öffnen … Das sind meine Erkenntnisse über die Zukunft Deutschlands.«[21]

DEMOKRATIE UND RECHTSSTAAT SIND NICHT SELBSTVERSTÄNDLICH

Glaubens- und Meinungsfreiheit, Grundrechte, Schutz der Menschenwürde, Demokratie und Rechtsstaat sind keine Selbstverständlichkeiten, auch wenn sie für uns gewöhnlichster Alltag sind. Sie sind ein hohes Gut, das vielen Menschen in den vergangenen Jahren und Jahrzehnten ein in mancherlei Hinsicht sehr gutes Leben und – einen enormen Freiraum für die Evangelisation und das Leben in der Gemeinde geschenkt hat. Sie sind ein Gut, das zu bewahren sich darum wirklich lohnt, das aber heute von orthodoxen und radikalen Muslimen mit unterschiedlichsten Mitteln – auch mit terroristischer Gewalt – bekämpft wird.

Christen und Muslime haben also ein ganz unterschiedliches Verhältnis zur demokratischen Gesellschaft in Deutschland. Während Christen von der biblischen Offenbarung her durchaus in der Lage sind, ein positives (wenn auch sicher nicht unkritisches!) Verhältnis zu Demokratie, Rechtsstaat, Menschenrechten und Meinungsfreiheit zu entwickeln, sind orthodoxe und radikale Muslime von den Aussagen des Korans her dazu gerade nicht in der Lage.

Jede Obrigkeit ist von Gott ... Niemals würde ein orthodoxer Muslim diese Aussage des Neuen Testaments nachsprechen und bejahen können. Ein orthodoxer Muslim würde sagen: »Jede muslimische Obrigkeit ist von Gott. Jede andere Obrigkeit aber ist ungläubig und muss darum so schnell wie möglich durch eine muslimische Obrigkeit ersetzt werden.«

DER ISLAM – EINE POLITISCHE RELIGION

Warum denken orthodoxe Muslime so? Warum können sie nur eine muslimische Regierung (also ein Kalifat) wirklich anerkennen? Das hängt damit zusammen, dass der Islam im Kern eine politische Religion ist. Er verwirklicht sich letztlich in einem islamischen Staat. Der Islam drängt von seinem ganzen Wesen her darauf hin, alle Menschen ohne oder auch mit Gewalt in das »Haus des Islam« zu integrieren. Der Islam will den Gottesstaat. Er will die Gültigkeit des islamischen Gesetzes, der *Scharia* für alle, notfalls mit Zwang. Wer sich dagegen wehrt, riskiert sein Leben.

Der christliche Glaube dagegen – und das ist ein sehr entscheidender Unterschied zum Islam – verwirklicht sich in der Gemeinde. Sie – und nicht der Staat – ist der Leib Christi. Der christliche Glaube weiß, dass das Reich Jesu eben gerade *»nicht von dieser Welt«* ist (Joh 18,36). Er weiß, dass es darum unmöglich ist, das Reich Gottes durch politische Macht auf Erden zu verwirklichen, und dass man eine Menschheit, die unter der Macht der Sünde lebt, nicht in das Reich Gottes hinein zwingen kann. Dieses Vorhaben muss scheitern.

Der christliche Glaube weiß auch, dass *»der Glaube nicht jedermanns Ding«* ist (2Thes 3,2) und dass auch bei größtmöglicher Anstrengung sich niemals alle Menschen zu Jesus bekehren werden. Und er behält im Blick, dass selbst eine Gesellschaft, die nur aus Christen besteht, keineswegs das Reich Gottes auf Erden wäre. Zu sehr sind nämlich auch Christen noch mit Sünde behaftet und anfällig für ihre Attacken.

Weil das alles so ist, strebt die Gemeinde Jesu im klaren Gegensatz zum Islam eben nicht den Gottesstaat an. Sie konzentriert sich auf die Aufgabe, Licht in der Welt und Zeugnis für Jesus, den Retter, zu sein. Die christliche Gemeinde ist darum in der Lage, sich auch in ganz unterschiedlichen gesellschaftlichen Systemen zurechtzufinden und mit offensichtlich fehlerhaften Obrigkeiten im Großen und Ganzen klarzukommen, solange diese nur einigermaßen das Böse in der Gesellschaft bekämpfen, das Gute fördern (Röm 13,3-5) und den Christen Raum zum öffentlichen Bekenntnis zu Jesus lassen. Die christliche Gemeinde weiß: Hier, auf dieser alten Erde, wird es nie ein von Menschen errichtetes Reich Gottes geben. Keine noch so christliche Regierung kann das zuwege bringen. Unter der Herrschaft des Menschen wird es immer nur fehlerhafte, defizitäre, von Sünde geprägte Regierungen und Gesellschaftssysteme geben. Das Reich Gottes kommt erst mit Gottes neuer Welt. Und weil das so ist, kann die christliche Gemeinde mit den Fehlern und Defiziten der Gesellschaft eher gelassen umgehen. Sie muss nicht das Unmögliche versuchen und das Reich Gottes herbeizwingen.

ISLAMISCHER GOTTESSTAAT AUF ERDEN ODER GEMEINDE JESU IN DER WELT?

Der Islam verwirklicht sich nach Aussage des Korans im Gottesstaat auf Erden. Der Glaube an Jesus verwirklicht sich in der Gemeinde als Licht und Zeugnis für die Welt. Der Islam zielt auf ein Reich von dieser Welt. Der biblische Glaube zielt letztlich auf die neue Welt Gottes, in der kein Tod, kein Leid, kein Geschrei und kein Schmerz mehr sein werden (Offb 21,4). Islam und biblischer Glaube visieren also vollkommen verschiedene Ziele an.

Muslime orthodoxer Prägung werden darum immer dazu neigen, dort, wo sie die Macht (noch) nicht erreichen können, zunächst Parallelgesellschaften (Gettos) zu bilden, die sich nach außen hin abschotten und nach innen hin eine eigene, muslimische Gesellschaftsordnung errichten. Letztlich werden sie aber immer darauf abzielen, irgendwann die Macht im Staat zu übernehmen und die Gesellschaft – notfalls per Zwang – zu islamisieren.

»DER STADT BESTES SUCHEN ...«

Christen dagegen werden immer darauf abzielen, mit dem jeweiligen Staat in Frieden zu leben. Sie werden nach der Maßgabe leben, die der Prophet Jeremia vorzeiten an Juden schickte, die unter einer heidnischen Regierung leben mussten: »*Suchet der Stadt Bestes!*« (Jer 29, 7). Christen werden es genauso halten: Sie werden »*der Stadt Bestes suchen*«, auch wenn ihre Regierung eine säkulare (weltliche) Regierung ist. Sie werden die Freiräume, die der Staat ihnen zugesteht, dankbar annehmen, darin leben und ihr Zeugnis für Jesus gestalten. Sie werden zivilen Ungehorsam praktizieren, wo der Staat sie zum Brechen der Gebote Gottes zwingen will. Sie werden sich möglicherweise auch in Politik und Gesellschaft engagieren, um eine allgemeine Verbesserung der Lebensverhältnisse zu erreichen. Aber sie werden nicht versuchen, einen christlichen Gottesstaat zu errichten! Sie wissen, dass Menschen, die Jesus nicht kennen und den Heiligen Geist nicht haben, nicht nach dem Wort Gottes leben können. Die Macht der Sünde, die ihr Leben beherrscht, hindert sie daran. Und so werden Christen, die sich in Politik und Gesellschaft engagieren, vor allem darauf achten, dass ein ausreichend friedliches, geordnetes und rechtsstaatliches Gemeinwesen entsteht, das Raum lässt für Meinungs- und Glaubensfreiheit. Wenn das erreicht werden kann, ist viel erreicht.

DIE DEMOKRATISCHE GESELLSCHAFT VERTEIDIGEN

Christen in der Bundesrepublik tun also gut daran, die Gesellschaft in ihrem Bemühen um Meinungsfreiheit, Demokratie und Rechtsstaatlichkeit zu unterstützen. Dabei ist klar, dass die Demokratie nicht die perfekte Staatsform ist, die keine Wünsche offen lässt und ausnahmslos alles gut und richtig macht. Meinungsfreiheit kann für Propaganda missbraucht werden, Rechtsstaatlichkeit kann korrumpiert werden und demokratisch beschlossene Gesetze können zerstörerisch sein (man denke nur an die Gesetzgebung zur Abtreibung). Die Demokratie ist also nicht *die* Staatsform (schon gar nicht *die christliche* Staatsform) schlechthin. Sie ist aber allemal besser als der von orthodoxen und radikalen Muslimen angestrebte islamische Gottesstaat. Die demokratische Gesellschaft der Bundesrepublik ermöglicht den Menschen in all ihrer Verschiedenheit immerhin ein ausreichend freies, friedliches und rechtsstaatlich abgesichertes Leben. Sie bietet immer noch ein hohes Maß an Meinungs- und Glaubensfreiheit und schützt vor der Ausbreitung neuer und alter Diktaturen. Sie bietet darüber hinaus für Christen großartige Möglichkeiten, ihren Glauben in der Öffentlichkeit zu bekennen. Ist das nichts? Das ist sehr viel. Angesichts der Bestrebungen orthodoxer und radikaler Muslime, in Deutschland einen islamischen Gottesstaat (ein sogenanntes »Kalifat«) zu errichten, ist es sehr nötig, dass Christen in der Bundesrepublik für Demokratie, Rechtsstaatlichkeit und Meinungsfreiheit einstehen und jetzt eben gerade kein Aussteigerchristentum leben, das dem demokratischen Staat aufgrund seiner unbestreitbaren Mängel bewusst den Rücken kehrt. Der Stadt Bestes zu suchen (Jer 29,7) und der Obrigket untertan zu sein (Röm 13,1) bedeutet in der gegenwärtigen Situation, für Demokratie und Meinungsfreiheit in unserem Land einzustehen und die Gefahren abzuwehren, die mit dem Vorrücken einer gewaltbereiten islamischen Gottesstaatideologie auf die Gesellschaft der Bundesrepublik Deutschland zukommen.

Die real existierende demokratische Gesellschaft in der Bundesrepublik ist ganz gewiss nicht »christlich«. Sie ist eine säkulare (weltliche) Gesellschaft, die höchst unvollkommen ist. Gleichwohl ist es sinnvoll und angemessen, die Grundprinzipien dieser Gesellschaft gegen eine heraufziehende islamistische Gottesstaatdiktatur zu verteidigen. *Der Stadt Bestes zu suchen* heißt heute, das große Geschenk von bürgerlicher Freiheit und Rechtsstaatlichkeit nicht leichtfertig preiszugeben, sondern es in schwieriger Zeit vor Aushöhlung und Zerstörung zu bewahren.

Es gibt in den politischen und gesellschaftlichen Entwicklungen eines Landes immer eine Zeitphase, wo Christen die Möglichkeit haben, ihre Verantwortung vor Jesus wahrzunehmen, die Entwicklung der Dinge positiv zu beeinflussen und sie in die richtige Richtung zu lenken. Wenn diese Zeit da ist, können und sollen Christen ihre Verantwortung vor Gott wahrnehmen und der Stadt Bestes suchen.

4.2 Die Verantwortung der Christen für die Muslime

CHRISTEN UND DIE MULTIKULTURELLE GESELLSCHAFT

Christen in der Bundesrepublik leben in einer multikulturellen Gesellschaft. Sie mögen das nun beklagen oder nicht, es steht fest, dass genau diese Lebenssituation zum Beispiel für den Apostel Paulus das Normale, Gängige, Alltägliche war. Im irdischen Leben des Apostels gab es kein christliches Abendland, keine Kirchen und keine christliche Tradition. Paulus hatte es täglich mit Menschen zu tun, die anderen Religionen angehörten. Und nie hat er sich von ihnen zurückgezogen, nie hat er negativ über sie geredet, sich über sie beklagt, obwohl sie ihm (zum Beispiel in Anatolien – Apg 14) zuweilen übel mitgespielt haben.

Wie können Christen ihre Verantwortung gegenüber den Muslimen in ihrem Land praktisch wahrnehmen? Der Islamexperte und Vorstandsmitglied des *Instituts für Islamfragen* der *Deutschen Evangelischen Allianz*, Eberhard Troeger, hat dazu zehn sehr hilfreiche Ratschläge zusammengestellt, die hier zitiert werden sollen[22]:

1. SIEH IN JEDEM MUSLIM ZUERST DEN MENSCHEN.
Die meisten Muslime sind als Arbeitssuchende oder als Flüchtlinge zu uns nach Europa gekommen, nicht als Funktionäre einer islamischen Organisation. Sie kennen Freude und Schmerz, Befriedigung und Versagen. Kurz – sie haben ein Herz.

2. SIEH MUSLIME IN IHRER UNTERSCHIEDLICHKEIT.
Klischeebilder taugen nichts. Jeder Muslim ist anders, je nachdem, aus welchem Land, aus welcher Altersschicht, aus

welchem Beruf und aus welcher Bildungsschicht er kommt. Es bedarf des ausführlichen Gesprächs, um einen Muslim wirklich kennenzulernen! Wir werden viele als liebenswerte Menschen schätzen lernen.

3. VERSTEH IHRE INNEREN SPANNUNGEN.

Die meisten Muslime leben in der Spannung zwischen ihrer heimatlichen Kultur und den neuen Verhältnissen in Europa. Die hier heranwachsenden jungen Muslime leben in der Spannung zwischen ihrem patriarchalisch geprägten Elternhaus und der demokratischen liberalen Welt der deutschen Schulen und Betriebe. Während die Eltern ihre Kinder vor der europäischen Kultur bewahren möchten, sind die jungen Leute fasziniert von der Freiheit und scheitern häufig an ihr.

4. BEACHTE DIE ANDERSARTIGE KULTUR.

In den Herkunftskulturen der Muslime ist vieles anders als bei uns. Es gelten viele Normen und Tabus, vor allem im Verhältnis der Geschlechter zueinander. Als Christen sollten wir uns auf diesem Gebiet äußerste Zurückhaltung angewöhnen, um Muslime nicht zu verletzen oder in Versuchung zu bringen.

5. HAB KEINE ANGST VOR DEM ISLAM.

Manche Muslime treten uns Christen gegenüber recht forsch auf. Sie prangern die Missstände des »christlichen Europa« an, sie halten Europa reif für den Islam. Wir sollten jedoch vor Augen behalten, dass auch der Islam sich in einer gewaltigen geistigen und moralischen Krise angesichts der modernen Welt befindet. Gewiss wollen wir den Islam in seiner Kraft nicht verharmlosen, aber Bangemachen ist ebenso fehl am Platz. Wir müssen lernen, im Alltag mit den Muslimen auszukommen.

6. GEHE AUF MUSLIME ZU.

Viele Muslime leiden unter der Anonymität und Unfreund-
lichkeit unserer Gesellschaft. Verständlicherweise haben sich
die einzelnen Volksgruppen in die Gettos ihrer Großfamilien
und Moscheevereine zurückgezogen. Es bedarf deshalb von
deutscher Seite aus Geduld, Fantasie, langen Atems und vor
allem Zeit. Natürlich sind hier die kulturellen Unterschiede besonders zu beachten. Männer sprechen mit Männern,
Frauen mit Frauen. Die ältere Frau, die in der islamischen
Gesellschaft großen Einfluss besitzt, kann sich allerdings
mehr Freiheiten erlauben. Unsere älteren christlichen Frauen
sollten diese Chance nutzen und in der Nachbarschaft, beim
Arzt, im Bus oder beim Einkauf das Gespräch mit fremdlän-
dischen Frauen suchen.

7. SCHENKE MUSLIMEN LIEBE.

Ein freundliches Wort, ein nettes Lächeln – unter Beach-
tung der obigen Regeln – sind ein Stück Liebe für die
Menschen, die in ihrem Alltag oft wenig Liebe erfahren.
Die Liebe soll aber auch zur helfenden Tat werden, und
besonders die neuankommenden Ausländer sind darauf
angewiesen. Ehe wir von der Liebe Gottes in Jesus Christus reden, sollten wir sie durch liebevolle Gesten Gestalt
werden lassen.

8. REDE SEELSORGERLICH.

Der Islam ist eine einfache und einprägsame Religion. Viele Muslime haben es gelernt, ihren Glauben überzeugend
zur Sprache zu bringen. Deshalb sind Glaubensgespräche
mit Muslimen stets in der Gefahr, zu Streitgesprächen zu
werden. Auf dieser Ebene können wir aber nicht zum Herzen des Menschen reden. Hinter zur Schau getragenen religiösen Überzeugungen, stehen manchmal Unsicherheit,
Schuldbewusstsein, Angst und Zweifel. Dies gilt es zu er-

kennen. Der christliche Gesprächspartner sollte zum Herzen der Muslime sprechen.

9. REDE BEKENNEND.

Die Wahrheit des biblischen Glaubens kann nicht logisch bewiesen werden. Gewiss gibt es viele Argumente für die Gottessohnschaft Jesu und für sein Kreuz und seine Auferstehung. Aber Muslime sind meistens um rationale Argumente nicht verlegen. Gottes Wort hat große Kraft, der Heilige Geist überwindet Menschenherzen.

10. MACHE JESUS GROSS.

Es geht nicht darum, den Islam schlechtzumachen, sondern positiv aufzuzeigen, dass Jesus nicht ein Prophet unter vielen ist, sondern der eine Herr und Heiland für alle Menschen. Wir wollen bezeugen, dass Jesus die zur Rettung ausgestreckte Hand Gottes ist.«

Das erste Bekenntnis der Christen lautete: Jesus Christus, Sohn Gottes, Retter. Muslime, wo immer sie auf der Welt wohnen, brauchen ihn und ihn allein: Jesus Christus, Sohn Gottes, Retter.

KLEINE KORAN-KONKORDANZ

ZUM GEBRAUCH DIESER KORAN-KONKORDANZ

Die folgende kurze Koran-Konkordanz präsentiert Stichworte und inhaltliche Aussagen, die im Koran häufig vorkommen. Sie ist keine umfassende, bis ins Einzelne gehende Konkordanz, sondern stellt prominente Aussagen des Korans im Überblick dar.

Die Zahlen hinter den einzelnen Stichworten dieser Konkordanz bezeichnen zunächst die Sure, danach die entsprechenden Verse des Korans.

Die Konkordanz sollte so gebraucht werden, dass die genannten Koranverse in einer deutschen Koranübersetzung nachgeschlagen werden. Auf diese Weise erschließen sich die Aussagen des Korans zu den verschiedenen Themen.

Dieser Konkordanz liegt die Koranübersetzung von Rudi Paret zugrunde, die in der Islamforschung zurzeit als eine der genauesten Übersetzungen gilt und international anerkannt ist.[23]

Wer Details zu einzelnen Themen wissen möchte, erhält zum Beispiel beim »*Institut für Islamfragen der Deutschen Evangelischen Allianz*« (www.islaminstitut.de) seriöse Informationen.

1. JESUS

- Jesus bestätigt das jüdische Gesetz: 5,46-47
- Jesus ist ein Gesandter Gottes: 5,75
- Jesus ist ein Prophet: 19,30-31
- Jesus verkündet dieselbe Botschaft wie Mohammed: 43,61-64
- Jesus wurde nicht gekreuzigt: 4,156-158
- Jesus ist nicht Gottes Sohn oder Gott: 5,72
- Gott hat keinen Sohn:19,34-35.88-92
- Kritik an der Trinitätslehre: 4,171-172; 5,73
- Maria als vermeintliche Person der Trinität: 5,116

2. DER KORAN

- Der Koran als Offenbarung Allahs:
  3,1-4
  6,155
  10,37-39
  11,14
  12,1-3
  17,105-106
  20,113
  21,106-107
- Der Koran ist Offenbarung Allahs in arabischer Sprache: 26,192-195; 41,44; 43,1-4
- Der Koran wurde zur Warnung gegeben: 36,2-6
- Der Koran ist eine von Allah inspirierte Offenbarung: 53,4.10
- Das Original des Korans befindet sich im Himmel: 56,77-80
- Änderungen im Koran durch Mohammed: 16,101-103; 2,106

- Änderung der Gebetsrichtung von Jerusalem auf Mekka: 2,142-150
- Der Koran als Bestätigung und Korrektur früherer Offenbarungen:
  4,47
  5,15-19
  5,48-49
  10,37
  12,102
  35,31
- Der Koran soll alle bestehenden Religionen vereinigen:
  16,64
- Der Islam soll alle bestehenden Religionen vereinigen:
  6,159
- Der Koran korrigiert das Alte Testament und eint das Volk Israel: 27,76-79

- Die Botschaft des Islam wird von vielen Menschen abgelehnt:
  7,59-174
  13,30-32
  15,6-15.80
  17,47.89-93
  21,1-5
  22,42-44
  25,3-8.30-33
  31,6-7.31-32
  32,1-3
  34,34-36.43-45.46-50
  38,1-20.29
  43,29-32
  50,1-14
  52,29-49
- Mohammeds Ablehnung in Mekka: 26,3-8

- Bestreitung des Jenseits durch Nichtmuslime: 16,22; 16,60; 17,9; 17,45.49-52; 45,24-26
- Bestreitung der Auferstehung durch Nichtmuslime: 23,80-87; 27,67-70

3. MOHAMMED – ALLAHS GESANDTER UND WARNER

- 3,144
- 17,105-106
- 18,1-4
- 25,1.56
- 27,92
- 29,50
- 38,70
- Mohammed ist der Gesandte Gottes, das Siegel der Propheten, der letzte Prophet: 33,40.45-48
- Die richtige Haltung gegenüber Mohammed: 33,30-31.35-36; 33,53-58; 58,12

4. DIE RELIGION DES ISLAM

- Der Islam ist die einzig wahre Religion: 3,19-20; 5,15-19
- Kurzdefinition »Islam«: 4,125; 7,42
- Wahre Gläubige sind die, die an den Gesandten Mohammed glauben: 24,62
- Koran, Buße, Vergebung, Allah: 40,1-3.10-14
- In der Religion soll kein Zwang ausgeübt werden: 2,256-257; 4,80
- Auseinandersetzung Islam – Judentum: 7,156-158
- Die jenseitige Welt ist das Entscheidende: 29,64; 30,6-8; 40,38-39

5. JIHAD (= »ANSTRENGUNG«/KAMPF)

- Wer im Jihad umkommt, gelangt direkt ins Paradies: 3,157-158; 4,74; 4,76-77; 4,95-96
- Muslime dürfen nicht andere Muslime töten: 4,92
- Wer den Islam auf Dauer ablehnt, soll getötet werden: 4,89-90
- Aufrüsten, um die Gegner des Islam einzuschüchtern, Frieden geben, wenn sie dem Frieden zuneigen: 8,61
- Der Prophet feuert Gläubige zum Kampf an: 8,65
- Lösegeld für Gefangene einnehmen: 8,68
- Migration – auch kriegerisch –, um den Islam auszubreiten: 8,72.74-75
- Heiden töten, wo immer man sie findet: 9,5
- Gegen die Feinde des Islam Kämpfe eröffnen: 9,12
- Den Jihad zu führen, bedeutet hohes Ansehen bei Allah: 9,20-22
- Gegen Ungläubige kämpfen: 9,28-29; 9,36.41
- Nieder mit den Ungläubigen: 47,8
- Verfluchung der Christen: 9,30-33
- Aufforderung, Krieg gegen Ungläubige zu führen: 9,73; 47,4-6; 66,9
- Wer nicht mit in den Jihad zieht, ist ein Frevler: 9,81-89
- Um Allahs willen kämpfen: 9,111.123
- Kampf gegen Ungläubige, wenn sie vorher Unrecht getan haben: 22,38-39
- Migration und Kampf für den Islam: 22,58-59
- Im Kampfeswillen nicht nachlassen: 47,35
- Wer den Islam nicht annehmen will, muss mit Kampf rechnen: 48,16
- Der Wert des Beutemachens: 48,18-21
- Wie Beute verteilt wird: 8,41
- Wer den Jihad führt, wird vor der Strafe Allahs gerettet: 61,10-12

6. PARADIES, EWIGES LEBEN UND HÖLLE

- Das Paradies: 3,14-17; 4,57; 14,23; 15,45-47; 16,31-32; 20,75-76; 36,55-58; 37,40-61; 38,49-54; 55,46-78; 56,8-40; 76,12-22; 78,31-36
- Himmel und Hölle: 44,43-57
- Die Hölle: 4,56; 7,179; 38,55-64; 56,41-56

7. DER WEG ZU ALLAH

- Die Unsicherheit des Heils und der Rettung (»vielleicht …«): 3,200; 5,25
- Sünde und Vergebung: 3,135-136.152.155
- Wer ungläubig im Sinne des Korans ist und Unrecht tut, dem wird nicht vergeben: 4,168
- Sühneleistungen für kleinere Vergehen: 5,89-94
- Almosen können von Sünden reinigen: 9,102-103
- Wer Allahs Gebote hält, kommt ins Paradies: 13,20-24
- Den Rechtschaffenen werden schlechte Taten getilgt und gute belohnt: 29,7
- Bei den Rechtschaffenen werden die besten Taten angenommen, die schlechten Taten übergangen: 46,15-16
- Wer schwere Sünden meidet, darf auf Vergebung hoffen: 53,32
- Keiner trägt den anderen vor Gott (also keine Stellvertretung!): 35,18
- Migration um Allahs willen: 16,110
- Migration und Kampf für den Islam: 22,58-59
- Die Gebetszeiten: 17,78-81
- Die zeitliche Dauer des Gebets: 73,1-4
- Die Wallfahrt zur Kaaba: 22,26-37
- Kein Schweinefleisch essen: 6,145 5,51-52; 9,23-24
- Muslime sind Freunde und eine Gruppe für sich: 9,71
- Christen stehen Muslimen am nächsten: 5,82-85

8. ALLAHS PERSON UND WESEN

- Die Abhängigkeit des Heils von der menschlichen Leistung: 2,77-82
- Allah vergibt, wem er will: 5,118; 9,104-106
- Allah vergibt und straft: 13,6
- Allah erklärt für rein, wen er will: 24,21
- Allah hat keine Kinder: 6,100-102
- Allah hat keinen Sohn: 19,34-35; 21,26-29; 23,91-92
- Kein Mensch (z. B. Jesus) steht auf einer Stufe mit Allah: 43,15
- Allah ist barmherzig: 4,16; 7,156; 39,53-55
- Allah ist allmächtig: 22,73-74
- Allah weckt Glauben und Unglauben: 6,125; 10,99-100
- Allah schafft Menschen für die Hölle: 7,179
- Allah liebt die Rechtschaffenen: 7,155-56.161-62;19,96
- Allah liebt, die ihn lieben: 3,31
- Allah liebt nicht die Gottlosen: 28,77
- Allah liebt nicht die Ungläubigen: 30,45
- Allah liebt nicht die Frevler: 42,40
- Allah liebt nicht die Stolzen: 57,23
- Allah liebt nicht die Geizigen: 4,37
- Allah liebt nicht die Verschwender: 6,141
- Allah liebt nicht die Verräter: 8,58
- Die Rechtschaffenen werden von Allah belohnt: 7,196; 10,26; 16,97.122.128; 17,9; 18,30-31; 18,107; 25,70; 29,7; 30,14-16; 31,8-9; 34,4-6; 35,29-30.32-35; 41,6-8; 46,15;16; 47,1- 2; 48,29
- Allah übt Gericht: 2,281; 40,59
- Allah kann am besten Ränke schmieden: 8,30
- Allah ist voller Tücke: 13,13
- Alles (auch Unglücke) kommt von Allah: 57,22-23
- Allah verhängt schwere Strafen: 8,48.52; 40,22

- Allah ist einer: 16,51-55; 17,22.56-57.111; 18,110; 20,8.98; 21,108; 27,26; 34,24-28; 37,4; 40,62; 112,1-3
- Allahs Fürsorge in der Schöpfung: 16,72.80-82; 25,61-62; 27,86; 30,21-25; 36,33-38; 40,61-65; 55,5-25
- Die »Zeichen« Allahs: 51,24-40
- Juden, Muslime und Christen haben denselben Gott (Allah): 29,46
- Allah weiß Bescheid über innerste Gedanken und Gesinnungen: 35,39; 64,4; 67,13-14
- Allah durchschaut alles (Gedanken im Inneren) und richtet nach Wahrheit: 40,19-20
- Allah ist den Menschen näher als ihre Halsschlagader: 50,16

9. BIBLISCHE THEMEN

- Der Baum der Erkenntnis und der Sündenfall: 7,19-27
- Noah und andere biblische Personen (z. B. Mose): 7, 59-64.59-174
- Noah (ein Warner): 26,115
- Abraham verkündet die Botschaft Mohammeds: 29,16-18
- Abraham und die Opferung Isaaks: 37,99-113
- Josef und seine Brüder: 12,1-111
- Mose: 20,9-98; 26,10-66; 28,1-42
- Abraham, Lot, Noah, David, Salomo, Hiob, Ismael, Jona, Zacharias, Maria sind Zeugen für den Islam: 21,51-73
- Die Königin von Saba: 27,17-44
- Jesus, der Prophet: 19,30-31

10. EINZELTHEMEN

- Frauen – Erlaubnis der Polygamie: 4,2-3
- Rangordnung im Verhältnis zu Männern: 4,34-35
- Ehescheidung (Versorgung der Frauen): 2,236
- Sonderregelung für Mohammeds Frauen: 33,50-52
- Dieben die Hand abhauen: 5,38
- Die Undankbarkeit der Menschen: 34,13.15-17
- Keine Hoffnung für Ungläubige: 48,6.13-14

Anhang

Versuch eines Vergleichs

VON HORST VON DER HEYDEN[24]

In der Tat gibt es zahlreiche Gemeinsamkeiten zwischen Islam und Christentum. Das ist – bedingt durch die Entstehungsgeschichte des Islam – auch nicht verwunderlich. Sie sind aber im Vergleich zu den substanziellen Unterschieden eher marginal. Wenn im Nachfolgenden nun versucht werden soll, den Islam mit dem Christentum zu vergleichen, kann das selbstverständlich nur ansatzweise gelingen. Der Vergleich, der Bibliotheken füllen würde, wenn er umfassend erfolgte, bezieht sich auch lediglich auf sieben Themenbereiche – in denen aber grundlegende Unterschiede zwischen Koran und Bibel bzw. Islam und Christentum deutlich werden.

1. GOTT

Beide wissen um einen Gott, der das Universum ebenso erschaffen hat wie den einzelnen Menschen, der sich den Menschen gegenüber außer in der Schöpfung auch in einem

Buch offenbart, das seinen Willen enthält, der am Ende der Zeiten als Richter auftreten wird. Damit erschöpft sich im Wesentlichen auch schon die Übereinstimmung, was Gott betrifft. Die Unterschiede sind gravierend:

Gott habe keine Kinder, heißt es im Koran, demzufolge auch keinen Sohn: *»Fürwahr, ungläubig sind, die da sagen: ›Allah ist der Dritte von Dreien‹; es gibt keinen Gott als den Einigen Gott«* (5,73).	Gott hat einen geliebten Sohn, sagt die Bibel, der als Mittler zwischen Gott und Menschen auf die Erde gekommen ist: *»Dieser ist mein geliebter Sohn, an dem ich Wohlgefallen gefunden habe. Ihn hört!«* (Mt 17,5)
Allah sei der einzige, alleinige Gott. Die Dreieinheit der Christen wird vom Koran als Frevel und schlimmste Sünde bezeichnet: *»Fürwahr, ungläubig sind, die da sagen: ›Allah ist der Dritte von Dreien‹; es gibt keinen Gott als den Einigen Gott. Und wenn sie nicht abstehen von dem, was sie sagen, wahrlich, so wird die unter ihnen, die ungläubig bleiben, eine schmerzliche Strafe ereilen«* (5,73).	Die Bibel lehrt die Dreieinheit Gottes: Gott, der Vater, Gott, der Sohn und Gott, der Heilige Geist. *»Und Jesus trat herzu und redete zu ihnen und sprach:... Geht nun hin und macht alle Nationen zu Jüngern und tauft sie auf den Namen des Vaters und des Sohnes und des Heiligen Geistes«* (Mt 28,19).

Gott ist der Schöpfer der Menschen, hat aber keine wirkliche Beziehung zu ihnen und umgekehrt: »... *sie dichten Ihm fälschlich Söhne und Töchter an ohne alles Wissen. Heilig ist Er und erhaben über das, was sie (Ihm) zuschreiben«* (6,100).	Menschen werden aufgrund ihres Glaubens an die Rettungstat Christi zu Söhnen und Töchtern Gottes: *»So viele ihn aber aufnahmen, denen gab er das Recht, Kinder Gottes zu werden, denen, die an seinen Namen glauben«* (Joh 1,12).

2. JESUS CHRISTUS

Sowohl der Koran als auch die Bibel bezeugen Jesus Christus, der

- von Gott gesandt wurde,
- von Maria geboren wurde,
- in Israel Wunder und Heilungen vollbrachte,
- in den Himmel auffuhr,
- noch einmal auf die Erde zurückkehren wird.

Man könnte meinen, das wäre schon eine ganze Menge, aber wenn man sich die Position von Christus genauer ansieht, werden diametrale Unterschiede deutlich.

Jesus wird im Koran zwar auch als der Christus (Messias) bezeichnet, aber die eigentliche Bedeutung von Messias (Retter, Gesalbter) wird im Koran nicht berücksichtigt. Er bleibt lediglich der Herausgehobene: *»Wie die Engel sprachen: ›O Maria, Allah gibt dir frohe Kunde durch ein Wort von Ihm: sein Name soll sein der Messias, Jesus, Sohn Marias, geehrt in dieser und in jener Welt, einer der Gottnahen‹«* (3,45).	Jesus Christus ist der im AT zugesagte Messias, der als der Sohn Gottes auf die Erde kam, was er selbst bezeugt: *»Simon Petrus aber antwortete und sprach: Du bist der Christus, der Sohn des lebendigen Gottes. Und Jesus antworte und sprach zu ihm: Glückselig bist du, Simon, Bar Jona; denn Fleisch und Blut haben es dir nicht geoffenbart, sondern mein Vater, der in den Himmeln ist«* (Mt 16,16f.).
Jesus sei durch ein Wort (»Sei«) von Allah erschaffen worden: *»Wahrlich, Jesus ist vor Allah wie Adam. Er erschuf ihn aus Erde, dann sprach Er zu ihm: ›Sei!‹, und er war«* (3,59).	Der Sohn Gottes existierte *»vor Grundlegung der Welt«* (1Petr 1,20) und hatte selbst keinen Anfang: *»Im Anfang war das Wort, und das Wort war bei Gott, und das Wort war Gott. Dieses war im Anfang bei Gott. Alles wurde durch dasselbe, und ohne dasselbe wurde auch nicht eines, das geworden ist«* (Joh 1,1f.).
Jesus Christus ist der Sohn von Maria, nicht der Sohn Gottes: *»Der Messias, Sohn der Maria, war nur ein Gesandter«* (5,75).	Der von Gott gesandte Engel versichert Maria, dass der von ihr Geborene der Sohn Gottes ist: *»das Heilige, das geboren werden wird, (wird) Sohn Gottes genannt werden«* (Lk 1,35).

Jesus sei keinesfalls Gott oder mit Gott vergleichbar, das bezeuge er im Koran selbst: *»Und wenn Allah sprechen wird: ›O Jesus, Sohn der Maria, hast du zu den Menschen gesprochen: Nehmet mich und meine Mutter als zwei Götter neben Allah?‹, wird er antworten: ›Heilig bist Du. Nie konnte ich das sagen, wozu ich kein Recht hatte. Hätte ich es gesagt, Du würdest es sicherlich wissen. Du weißt, was in meiner Seele ist, aber ich weiß nicht, was Du im Sinn trägst. Du allein bist der Wisser der verborgenen Dinge‹«* (5,116).

Gott selbst bezeugt an mehreren Stellen des NT, dass Jesus Christus sein eigener Sohn ist: *»Und siehe, eine Stimme kommt aus den Himmeln, welche spricht: Dieser ist mein geliebter Sohn, an dem ich Wohlgefallen gefunden habe«* (Mt 3,17). — *»Während er noch redete, siehe, da überschattete sie eine lichte Wolke, und siehe, eine Stimme kam aus der Wolke, welche sprach: Dieser ist mein geliebter Sohn, an dem ich Wohlgefallen gefunden habe. Ihn hört!«* (Mt 17,5)

Jesus sei lediglich ein Gesandter, wie es viele Gesandte gab – ein bedeutender allerdings: *»Der Messias, Sohn der Maria, war nur ein Gesandter; gewiss, andere Gesandte sind vor ihm dahingegangen«* (5,75).

Jesus Christus ist der unvergleichliche, ewige Sohn Gottes: *»Der Sohn ist der von Gott bestimmte Erbe aller Dinge. Durch ihn hat Gott die ganze Welt erschaffen. Er ist das vollkommene Abbild von Gottes Herrlichkeit, der unverfälschte Ausdruck seines Wesens. Durch die Kraft seines Wortes trägt er das ganze Universum. Und nachdem er das Opfer gebracht hat, das von den Sünden reinigt, hat er den Ehrenplatz im Himmel eingenommen, den Platz an der rechten Seite Gottes, der höchsten Majestät«* (Hebr 1,2f. NGÜ).

Jesus sei ein Prophet, ein bedeutender zwar, aber deutlich hinter Mohammed zurückstehend: »*Er (Jesus) sprach: ›Ich bin ein Diener Allahs, Er hat mir das Buch gegeben und mich zu einem Propheten gemacht. Er machte mich gesegnet, wo ich auch sein mag, und Er befahl mir Gebet und Almosen, solange ich lebe. Und (Er machte mich) ehrerbietig gegen meine Mutter; Er hat mich nicht hochfahrend, elend gemacht‹*« (19,30–32).

Gott sprach in der Zeit des AT durch zahlreiche Boten und Propheten, am Ende der Tage aber sprach er durch seinen Sohn: »*Nachdem Gott vielfältig und auf vielerlei Weise ehemals zu den Vätern geredet hat in den Propheten, hat er am Ende dieser Tage zu uns geredet im Sohn*« (Hebr 1,1).

Mohammed sei schon in der Thora und im Evangelium als der endgültige (wichtige) Prophet angekündigt worden: »*(Allah spricht:) ›Ich treffe mit Meiner Strafe, wen Ich will; doch Meine Barmherzigkeit umfasst jedes Ding; so werde Ich sie bestimmen für jene, die recht handeln und die Zakat zahlen und die an Unsere Zeichen glauben. Die da folgen dem Gesandten, dem Propheten, dem Makellosen, den sie bei sich in der Thora und im Evangelium erwähnt finden‹* ...*« (7,156f.).

Der Herr selbst erklärte, dass er derjenige war, den die alten Schriften vorausgesagt hatten: »*Und von Moses und von allen Propheten anfangend, erklärte er ihnen in allen Schriften das, was ihn betraf*« (Lk 24,27). – »*... und er sprach zu ihnen: Also steht geschrieben, und also musste der Christus leiden und am dritten Tage auferstehen aus den Toten*« (Lk 24,46). – »*Die Frau spricht zu ihm: Ich weiß, dass der Messias kommt, der Christus genannt wird ... Jesus spricht zu ihr: Ich bin's, der mit dir redet*« (Joh 4,25f.).

Jesus sei weder gekreuzigt worden noch sei er auferstanden: »*Allah hat sie versiegelt ihres Unglaubens willen, dass sie nur wenig glauben –, und ihres Unglaubens willen und wegen ihrer Rede – einer schweren Verleumdung gegen Maria; und wegen ihrer Rede: ›Wir haben den Messias, Jesus, den Sohn der Maria, den Gesandten Allahs, getötet‹; während sie ihn doch weder erschlugen noch den Kreuzestod erleiden ließen, sondern er erschien ihnen nur gleich (einem Gekreuzigten) …*« (4,155–157).

Die beiden Tatsachen von Jesu Kreuzestod und Auferstehung gehören zu den grundlegenden Elementen des Christentums und seiner Botschaft: »*Denn das Wort vom Kreuz ist denen, die verloren gehen, Torheit; uns aber, die wir errettet werden, ist es Gottes Kraft*« (1 Kor 1,18). – »*Denn ich habe euch zuerst überliefert, was ich auch empfangen habe: dass Christus für unsere Sünden gestorben ist nach den Schriften; und dass er begraben wurde und dass er auferweckt worden ist am dritten Tag nach den Schriften*« (1 Kor 15,3f.).

Jesus sei wahrscheinlich (vor der beabsichtigten Tötung) von Allah entrückt worden: »*Vielmehr hat ihm Allah einen Ehrenplatz bei Sich eingeräumt, und Allah ist allmächtig, allweise*« (4,158).

Erst durch seine Auferstehung aus den Toten wurde das Erlösungswerk Christi gekrönt und besiegelt: »*Denn der Gott, auf den wir unser Vertrauen setzen, hat Jesus, unseren Herrn, von den Toten auferweckt*« (Röm 4,24 NGÜ). – »*Durch ihn habt ihr zum Glauben an Gott gefunden, der ihn von den Toten auferweckt und ihm Macht und Herrlichkeit verliehen hat*« (1 Petr 1,21 NGÜ).

3. DER (HEILIGE) GEIST

Auch der Koran spricht von einem Geist, wenn auch nur an wenigen Stellen. Aus dem Zusammenhang wird allerdings erkennbar, dass er nicht mit dem Heiligen Geist vergleichbar ist, der in der Bibel als dritte Person der Gottheit vorkommt.

Der Koran kennt nur den »einen« Gott: *»Sprich: ›Er ist Allah, der Einzige; Allah, der Unabhängige und von allen Angeflehte. Er zeugt nicht und ward nicht gezeugt. Und keiner ist Ihm gleich«* (112,1–4). – *»Wer Allah Götter zur Seite stellt, dem hat Allah den Himmel verwehrt, und das Feuer wird seine Wohnstatt sein. Und die Frevler sollen keine Helfer finden«* (5,72).	Auch die Bibel weiß um den einen Gott (Mk 12,29), unterscheidet aber sehr wohl zwischen Gott Vater, Gott Sohn und Gott Heiliger Geist: *»Der Sachwalter aber, der Heilige Geist, den der Vater senden wird in meinem Namen, der wird euch alles lehren und euch an alles erinnern, was ich euch gesagt habe«* (Joh 14,26).

Der Geist wird mit dem Engel Gabriel gleichgesetzt, der zu Maria kommt und ihr die Empfängnis eines reinen Sohnes ankündigt: *»Erzähle, was in diesem Buch über Maria steht. Da sie sich zurückzog von den Ihren nach einem gen Osten gewandten Ort und sich vor ihnen barg im Schleier, da sandten Wir Unseren Geist zu ihr, und er erschien ihr in Gestalt eines vollkommenen Menschen«* (19,16f.).	Auch in der Bibel wird Maria die Empfängnis und Geburt angekündigt, doch werden hier drei Personen eindeutig unterscheiden: • Gabriel, der Überbringer der Botschaft, • der Heilige Geist, der über Maria kommen wird, • Jesus, der Sohn Gottes, der geboren werden soll. *»Und der Engel antwortete und sprach zu ihr: Der Heilige Geist wird über dich kommen, und Kraft des Höchsten wird dich überschatten; darum wird auch das Heilige, das geboren werden wird, Sohn Gottes genannt werden«* (Lk 1,35).
Der Geist war es, durch den Mohammed der Koran ins Herz gelegt wurde: *»Siehe, dies ist eine Offenbarung vom Herrn der Welten. Der Geist, der die Treue hütet, ist mit ihm (dem Koran) hinabgestiegen auf dein Herz, dass du einer der Warner seiest in deutlicher arabischer Sprache«* (26,192–195).	Auch in der Bibel findet sich der Hinweis, dass sie durch die Wirkung des Heiligen Geistes entstanden ist, der den Schreibern eingab, was zu schreiben war: *»Alle Schrift ist von Gott eingegeben«* (2Tim 3,16). – *»Denn [die] Weissagung wurde niemals durch [den] Willen [des] Menschen hervorgebracht, sondern heilige Menschen Gottes redeten, getrieben vom Heiligen Geist«* (2Petr 1,21).

Nach der Bibel ist der Heilige Geist Gott selbst: *»Der Herr aber ist der Geist; wo aber der Geist [des] Herrn ist, ist Freiheit«*

(2Kor 3,17). Er überführt von Sünde: *»Es ist euch nützlich, dass ich weggehe, denn wenn ich nicht weggehe, wird der Sachwalter nicht zu euch kommen; wenn ich aber hingehe, werde ich ihn zu euch senden. Und wenn er gekommen ist, wird er die Welt überführen von Sünde und von Gerechtigkeit und von Gericht«* (Joh 16,8). Er lehrt uns den unbegreiflichen Ratschluss Gottes: *»Was kein Auge gesehen und kein Ohr gehört hat und in keines Menschen Herz aufgekommen ist, was Gott bereitet hat denen, die ihn lieben; uns aber hat Gott [es] offenbart durch seinen Geist, denn der Geist erforscht alles, auch die Tiefen Gottes«* (1Kor 2,9f).

Er macht Menschen zu Kindern Gottes: *»Denn ihr habt nicht einen Geist [der] Knechtschaft empfangen, wiederum zur Furcht, sondern einen Geist [der] Sohnschaft habt ihr empfangen, in dem wir rufen: Abba, Vater! Der Geist selbst bezeugt mit unserem Geist, dass wir Kinder Gottes sind. Wenn aber Kinder, [so] auch Erben – Erben Gottes und Miterben Christi«* (Röm 8,15ff.).

4. MARIA

Maria spielt im Koran eine besondere Rolle. Sie ist die einzige Frau, die mit Namen genannt wird. Die übrigen Frauen erscheinen, wenn von ihnen gesprochen wird, als »die Frau des …«. Maria wird insgesamt 34-mal erwähnt, Sure 19 trägt ihren Namen.

Gemeinsam mit der Maria der Bibel ist ihr, dass sie jungfräulich empfing und einen Sohn zur Welt brachte. Dazu gibt es allerdings sehr viele Unterschiede, von denen nur einige aufgelistet werden:

Maria war die Schwester Aarons und die Tochter Imrans: *»O Schwester Aarons, dein Vater war kein Bösewicht, noch war deine Mutter ein unkeusches Weib!«* (19,28)	In der Bibel werden weder Eltern noch Geschwister von Maria, der Mutter Jesu, genannt. In apokryphen Schriften finden sich Anna und Joachim als ihre Eltern. Der Koran vermischt offenbar Maria, die Mutter Jesu, mit Mirjam, der Schwester Moses und Aarons, und nennt deshalb ihren Vater Imran, der in der Bibel als Amram vorkommt.
Maria empfing ihren Sohn direkt von Gott: *»Und der Maria, der Tochter Imrans, die ihre Keuschheit bewahrte – darum hauchten Wir von Unserem Geist in diese ein –, und sie glaubte an die Worte ihres Herrn und an Seine Schriften und war der Gehorsamen eine«* (66,12).	Der Engel Gabriel, der zu Maria geschickt wurde, kündigte ihr an, dass der Heilige Geist auf sie kommen und die Kraft Gottes sie überschatten werde: *»Und der Engel antwortete und sprach zu ihr: [Der] Heilige Geist wird auf dich kommen, und Kraft [des] Höchsten wird dich überschatten; darum wird auch das Heilige, das geboren werden wird, Sohn Gottes genannt werden«* (Lk 1,35).

Maria brachte ihren Sohn in der Nähe einer Palme allein zur Welt. Als die Wehen einsetzten und sie schier verzweifelte, wurde ihr Linderung durch Datteln gewährt: *»Und sie empfing ihn und zog sich mit ihm an einen entlegenen Ort zurück. Und die Wehen der Geburt trieben sie zum Stamm einer Palme. Sie sprach: ›O wäre ich doch zuvor gestorben und wäre ganz und gar vergessen!‹ Da rief es ihr von unten her zu: ›Betrübe dich nicht. Dein Herr hat unter dir ein Bächlein fließen lassen; schüttle nur den Stamm der Palme gegen dich, sie wird frische reife Datteln auf dich fallen lassen‹«* (19,22–25).

Maria und ihr Verlobter Joseph waren auf dem Weg nach Bethlehem, um sich einschreiben zu lassen, als ihre Zeit erfüllt wurde und sie Jesus gebar: *»Es ging aber auch Josef von Galiläa aus der Stadt Nazareth hinauf nach Judäa in die Stadt Davids, die Bethlehem heißt, weil er aus dem Haus und der Familie Davids war, um sich einschreiben zu lassen mit Maria, seiner verlobten Frau, die schwanger war. Es geschah aber, als sie dort waren, dass die Tage erfüllt wurden, dass sie gebären sollte; und sie gebar ihren erstgeborenen Sohn und wickelte ihn in Windeln und legte ihn in eine Krippe, weil in der Herberge kein Raum für sie war«* (Lk 2,4ff.).

Maria wird fälschlicherweise als eine der drei Personen der christlichen Dreieinigkeit bezeichnet; Gott, der Vater, Maria, die Mutter, Jesus, der Sohn: *»Und wenn Allah sprechen wird: ›O Jesus, Sohn der Maria, hast du zu den Menschen gesprochen: Nehmet mich und meine Mutter als zwei Götter neben Allah?‹, wird er antworten: ›Heilig bist Du. Nie konnte ich das sagen, wozu ich kein Recht hatte‹«* (5,116).

Möglicherweise ist die Einschätzung, dass das Christentum Maria als dritten Teil der Gottheit ansehe, auf die Bezeichnung »Maria, die Mutter Gottes« zurückzuführen.

5. SCHÖPFUNG – SÜNDENFALL – VERGEBUNG

Auch hier finden sich Übereinstimmungen zwischen Koran und Bibel; sie beschränken sich im Wesentlichen aber auf Folgendes:

- Adam wurde als erster Mensch geschaffen.
- Adam und seine Frau wurden in einen Garten gesetzt, dessen Frucht sie essen sollten.
- Sie sollten sich von der Frucht eines bestimmten Baumes enthalten.
- Satan verführte sie zum Frevel, sodass sie das Gebot übertraten.

Die Resultate dieses Vergehens werden indes gänzlich unterschiedlich beurteilt:

Das Essen der Frucht wird zwar als Frevel gewertet, nicht jedoch als nachhaltig durchschlagender Sündenfall, der die Erbsünde nach sich zog. Satan war es, der sie aus dem Paradies vertrieb, nicht Gott: *»Und Wir sprachen: ›O Adam, weile du und dein Weib in dem Garten, und esset reichlich von dem Seinigen, wo immer ihr wollt; nur nahet nicht diesem Baume, auf dass ihr nicht Frevler seiet.‹ Doch Satan ließ beide daran straucheln und trieb sie von dort, worin sie waren. Und Wir sprachen: ›Gehet hinweg, einige von euch sind Feinde der andern, und für euch ist eine Wohnstatt auf Erden und ein Nießbrauch für eine Weile‹«* (2,35f.).

Dadurch, dass Adam und Eva das göttliche Gebot übertraten, verursachten sie eine Trennung zwischen Gott und Menschen, die alle Menschen betrifft und somit die Erbsünde initiiert: *»Darum, so wie durch einen Menschen die Sünde in die Welt gekommen ist und durch die Sünde der Tod und so der Tod zu allen Menschen durchgedrungen ist, weil sie alle gesündigt haben …«* (Röm 5,12).

Gott kehrte sich Adam wieder zu, sodass das Verhältnis wiederhergestellt war: »*Dann empfing Adam von seinem Herrn gewisse Worte. So kehrte Er Sich gnädig zu ihm*« (2,37).	Gott schafft Rettung durch seinen Sohn, der stellvertretend für die Sünde starb: »*Also nun, wie es durch eine Übertretung gegen alle Menschen zur Verdammnis gereichte, so auch durch eine Gerechtigkeit gegen alle Menschen zur Rechtfertigung des Lebens. Denn so wie durch den Ungehorsam des einen Menschen die vielen in die Stellung von Sündern gesetzt worden sind, so werden auch durch den Gehorsam des einen die vielen in die Stellung von Gerechten gesetzt werden*« (Röm 5,18f.).
Allah ist der Gnädige und Barmherzige, in dieser Eigenschaft aber nicht berechenbar: »*wahrlich, Er ist der oft gnädig Sich Wendende, der Barmherzige*« (2,37). – »*Und Allah ist nicht uneingedenk eures Tuns*« (2,149b). – »*… fürchtet Mich –, damit Ich Meine Gnade gegen euch vollenden kann und auf dass ihr rechtgeleitet sein möget*« (2,150b).	Gottes Heilshandeln ist nicht willkürlich. Er bindet sich an seine eigenen Zusagen: »*So viele ihn aber aufnahmen, denen gab er [das] Recht, Kinder Gottes zu werden, denen, die an seinen Namen glauben*« (Joh 1,12).
Wer die Gebote Allahs beachtet und gute Werke tut, kann mit Rettung rechnen: »*Die aber, die glauben und gute Werke tun – Wir belasten keine Seele über ihr Vermögen –, sie sind die Bewohner des Himmels; darin sollen sie ewig weilen*« (7,42).	Der Glaube an den Sohn Gottes ist die einzige Voraussetzung zur Rettung: »*Glaube an den Herrn Jesus, und du wirst gerettet werden, du und dein Haus*« (Apg 16,31).

Wer sich gegen Allah stellt und ihm nicht gehorcht, wird das Feuer des Gerichts erdulden müssen: *»Die Unsere Zeichen verwerfen und sich mit Verachtung von ihnen abwenden, denen werden die Pforten des Himmels nicht aufgemacht, noch werden sie in den Garten eingehen, ehe denn ein Kamel durch ein Nadelöhr geht. Also belohnen Wir die Missetäter. Sie sollen die Hölle zum Pfühl haben und als Decke über sich. Also belohnen Wir die Ungerechten«* (7,40f.).

Die Botschaft des Evangeliums ist ein Angebot, das angenommen oder abgelehnt werden kann. Gott akzeptiert die Entscheidung des Einzelnen: *»Kommt her zu mir, alle ihr Mühseligen und Beladenen, und ich werde euch Ruhe geben«* (Mt 11,28). – *»Irrt euch nicht, Gott lässt sich nicht spotten! Denn was irgend ein Mensch sät, das wird er auch ernten. Denn wer für sein eigenes Fleisch sät, wird von dem Fleisch Verderben ernten; wer aber für den Geist sät, wird von dem Geist ewiges Leben ernten«* (Gal 6,7f.)

Es hängt letztlich von Allahs Wohlwollen ab, ob er gnädig sein wird: *»Doch hernach kehrt Sich Allah gnädig dem zu, dem Er gewogen; und Allah ist allverzeihend, barmherzig«* (9,27).

Gottes Liebe, die sich in der Gabe seines Sohnes bewies, ist so groß, dass aus sündigen Menschen Gerechte werden können: *»Gott aber erweist seine Liebe zu uns [darin], dass Christus, da wir noch Sünder waren, für uns gestorben ist. Vielmehr nun, da wir jetzt durch sein Blut gerechtfertigt sind, werden wir durch ihn gerettet werden vom Zorn«* (Röm 5,8f.).

Gott liebt den Ungläubigen nicht: *»Sprich: ›Gehorchet Allah und dem Gesandten‹; doch wenn sie sich abkehren, dann (bedenke), dass Allah die Ungläubigen nicht liebt«* (3,32).	Gott liebt die Welt und tritt sozusagen in Vorleistung, wenn er seinen Sohn gibt, damit Menschen gerettet werden können: *»Denn so hat Gott die Welt geliebt, dass er seinen eingeborenen Sohn gab, damit jeder, der an ihn glaubt, nicht verloren gehe, sondern ewiges Leben habe«* (Joh 3,16).
Es hängt von der Gunst Allahs ab, ob er vergibt oder nicht: *»Und Allahs ist das Königreich der Himmel und der Erde. Er verzeiht, wem Er will, und straft, wen Er will, und Allah ist allverzeihend, barmherzig«* (4,14).	Gott vergibt, weil er treu und gerecht ist und das Werk seines Sohnes vollumfänglich akzeptiert: *»Wenn wir unsere Sünden bekennen, so ist er treu und gerecht, dass er uns die Sünden vergibt und uns reinigt von aller Ungerechtigkeit«* (1 Joh 1,9). – *»Denn es hat ja Christus einmal für Sünden gelitten, [der] Gerechte für [die] Ungerechten, damit er uns zu Gott führe«* (1 Petr 3,18).

6. DAS VERHÄLTNIS ZWISCHEN MANN UND FRAU

Im Verhältnis zwischen den Geschlechtern finden sich nur wenige Gemeinsamkeiten. Sie beziehen sich vornehmlich darauf, dass Mann und Frau Geschöpfe Gottes sind und aus demselben Stoff gebildet wurden.

Im konkreten Vergleich werden zahlreiche Unterschiede deutlich, die sich sowohl auf ihre Stellung (ihr

Ansehen) als auch auf ihre geschlechtsspezifischen Aufgaben beziehen.

Der Koran erlaubt die Vielehe – allerdings nur dem Mann: *»Und wenn ihr fürchtet, ihr würdet nicht gerecht gegen die Waisen handeln, dann heiratet Frauen, die euch genehm dünken, zwei oder drei oder vier«* (4,3).	Die Bibel geht davon aus, dass Mann und Frau in der Ehe die Erfüllung finden, die sie nicht mehr lösen – also die Einehe respektieren: *»Habt ihr nicht gelesen, dass der, der sie schuf, sie von Anfang an als Mann und Frau machte und sprach: ›Deswegen wird ein Mann den Vater und die Mutter verlassen und seiner Frau anhangen, und die zwei werden ein Fleisch sein‹?«* (Mt 19,4f.)
Die Männer haben Verantwortung für ihre Frauen, weil Gott sie bevorzugt hat: *»Die Männer sind die Verantwortlichen über die Frauen, weil Allah die einen vor den andern ausgezeichnet hat und weil sie von ihrem Vermögen hingeben …«* (4,34).	Auch die Bibel hierarchisiert, aber nicht weil der Mann vor der Frau ausgezeichnet wäre, sondern weil die Konstitution der Frau eine andere (schwächere) ist als die des Mannes. Ihre Stellung vor Gott ist vollkommen gleich: *»da ist nicht Mann und Frau«* (Gal 3,28).
Die Männer haben Vollmacht gegenüber ihren Frauen und sind berechtigt zu züchtigen: *»Darum sind tugendhafte Frauen die Gehorsamen und die (ihrer Gatten) Geheimnisse mit Allahs Hilfe wahren. Und jene, von denen ihr Widerspenstigkeit befürchtet, ermahnt sie, lasst sie allein in den Betten und schlagt sie«* (4,34).	Die Bibel fordert die Männer auf, ihre Frauen mit der gleichen Liebe zu lieben, mit der Christus seine Gemeinde geliebt hat: *»Ihr Männer, liebt eure Frauen, wie auch der Christus die Versammlung geliebt und sich selbst für sie hingegeben hat«* (Eph 5,25).

Söhne erben doppelt so viel wie Töchter: *»Allah verordnet euch in Bezug auf eure Kinder: ein Knabe hat so viel als Anteil wie zwei Mädchen«* (4,11). Vor Gericht gilt die Aussage eines Mannes doppelt so viel wie die einer Muslima: *»Und ruft zwei unter euren Männern zu Zeugen auf; und wenn zwei Männer nicht (verfügbar) sind, dann einen Mann und zwei Frauen«* (2,282).	Gott macht keinen Unterschied zwischen den Geschlechtern. Mann und Frau sind grundsätzlich gleich wertvoll: *»Denn auch in einem Geist sind wir alle zu einem Leib getauft worden, es seien Juden oder Griechen, es seien Sklaven oder Freie, und sind alle mit einem Geist getränkt worden«* (1Kor 12,13). — *»Da ist nicht Jude noch Grieche, da ist nicht Sklave noch Freier, da ist nicht Mann und Frau; denn ihr alle seid einer in Christus Jesus«* (Gal 3,28).

7. DAS VERHÄLTNIS ZU ANDEREN MENSCHEN (»UNGLÄUBIGEN«)

Der Koran ist in seinen Aussagen zu den Beziehungen zwischen Muslimen und »Ungläubigen« zum Teil sehr widersprüchlich. Einerseits respektiert er vor allem Christen und Juden wegen ihrer Gottesfurcht und wegen ihrer »heiligen Bücher« als »Völker des Buches«, andererseits ruft er an vielen Stellen zum Widerstand und zum Kampf gegen »Ungläubige« auf.

Gegenüber den Ungläubigen, die nicht näher bezeichnet werden, fordert der Koran: *»Und tötet sie, wo immer ihr sie trefft, und vertreibt sie, von wo sie euch vertrieben haben. Denn Verführen ist schlimmer als Töten«* (2,191). – *»Kämpft gegen diejenigen, die nicht an Allah und nicht an den Jüngsten Tag glauben und nicht für verboten erklären, was Allah und sein Gesandter für verboten erklärt haben, und die nicht dem wahren Glauben folgen, bis sie aus freien Stücken den Tribut entrichten und Unterwerfung anerkennen«* (9,29).

Die Bibel fordert die Christen nicht auf, Ungläubige zu verfolgen und gegen sie zu streiten, sondern alle Menschen zu lieben, sogar die Feinde: *»Aber euch sage ich, die ihr hört: Liebt eure Feinde; tut wohl denen, die euch hassen«* (Lk 6,27). – *»Doch liebt eure Feinde und tut Gutes und leiht, ohne etwas zurückzuerhoffen, und euer Lohn wird groß sein, und ihr werdet Söhne [des] Höchsten sein; denn er ist gütig gegen die Undankbaren und Bösen«* (Lk 6,35).

Der Koran warnt vor missionierenden Christen und Juden und fordert rigoroses Vorgehen: *»Sie wünschen, dass ihr ungläubig werdet, wie sie ungläubig sind, so dass ihr alle gleich seiet. Nehmet euch daher keinen von ihnen zum Freund, ehe sie nicht auswandern auf Allahs Weg. Und wenn sie sich abkehren, dann ergreift sie und tötet sie, wo immer ihr sie auffindet; und nehmet euch keinen von ihnen zum Freunde oder zum Helfer«* (4,89).

»Ihr habt gehört, dass gesagt ist: Du sollst deinen Nächsten lieben und deinen Feind hassen. Ich aber sage euch: Liebt eure Feinde und betet für die, die euch verfolgen, damit ihr Söhne eures Vaters werdet, der in [den] Himmeln ist; denn er lässt seine Sonne aufgehen über Böse und Gute und lässt regnen über Gerechte und Ungerechte« (Mt 5,44f.).

Gegenüber den »Götzendienern«, die nicht näher definiert sind, wird rigoroses Vorgehen verlangt: *»Und wenn die verbotenen Monate verflossen sind, dann tötet die Götzendiener, wo ihr sie trefft, und ergreift sie, und belagert sie, und lauert ihnen auf in jedem Hinterhalt. Bereuen sie aber und verrichten das Gebet und zahlen die Zakat, dann gebt ihnen den Weg frei. Wahrlich, Allah ist allverzeihend, barmherzig«* (9,5).	*»Seid barmherzig, wie auch euer Vater barmherzig ist«* (Lk 6,36).
Die Ungläubigen, die sich gegen den Islam wenden, sollen getötet und gekreuzigt werden: *»Der Lohn derer, die Krieg führen gegen Allah und Seinen Gesandten und Unordnung im Lande zu erregen trachten, wäre der, dass sie getötet oder gekreuzigt werden sollten oder dass ihnen Hände und Füße abgeschlagen werden sollten für den Ungehorsam oder dass sie aus dem Lande vertrieben würden«* (5,33).	*»Aber wenn dein Feind hungrig ist, gib ihm zu essen; wenn er durstig ist, gib ihm zu trinken; denn wenn du dieses tust, wirst du feurige Kohlen auf sein Haupt sammeln«* (Röm 12,20).

SCHLUSS

Ist der Islam nun ein Teil von Deutschland oder nicht, und – das war ja die Ausgangsfrage unserer Überlegungen – beten Muslime und Christen zum gleichen Gott? Nach alldem, was wir vergleichend miteinander besehen haben, müssen wir feststellen: Nein, Allah ist nicht der Gott, den die Bibel bezeugt, und Christen und Muslime beten nicht zum selben Gott.

Wenn wir ein jüdisch-christliches Erbe haben – und daran wird niemand zweifeln, der sich die tradierte Gesellschaftsordnung unseres Landes vergegenwärtigt –, dann haben wir eben kein islamisches! Der Islam als Religion ist – und das scheint zwingend, wenn man die Analyse des Korans berücksichtigt – den christlich geprägten Zeitgenossen immer fremd geblieben; manchmal leider auch die Muslime. Aber um nicht falsch verstanden zu werden: Die in Deutschland lebenden Muslime gehören zu Deutschland, wenn sie es denn wollen, ebenso wie jeder andere Mensch, der sich aufmacht und dauerhaft hier leben will.

Ein Dilemma ist der Umstand, dass aufgrund der Ereignisse der letzten Wochen Islam und Islamismus in einen Topf geworfen werden. Ein fataler Irrtum allerdings wäre die daraus abgeleitete Konsequenz, beide hätten nichts miteinander zu tun. Das haben sie sehr wohl! Denn ohne die konkreten Aussagen des Korans, auf den sich ja die Islamisten beziehen, wären sie nur das, was erboste Gutmenschen ihnen gerne bescheinigen: verirrte Verbrecher! Aber nein, die Islamisten können sich auf einschlägige Suren des Korans berufen, die zum Heiligen Krieg aufrufen – und sie tun es!

Das ist ein Dilemma, in der Tat. Insbesondere unter dem Aspekt, dass die meisten Muslime die Gewalt, zu der die Islamisten aufrufen, deutlich ablehnen und die entsprechenden Suren als historisch zu verstehende Aussagen werten – was die Islamisten allerdings als Häresie ansehen. Und weil es keine islamische Instanz gibt, die für alle Muslime verbindlich festlegen könnte, welche Koranaussagen nun gelten und welche nicht, bleibt das Dilemma letztlich unlösbar.

ANMERKUNGEN

1. Eberhard Troeger, Der „islamisierte" Abraham nach dem Koran, abrufbar unter http://www.gemeindenetz-werk.org/?p=11969 (letzter Zugriff am 17.03.2015)

2. Zu den biografischen Einzelheiten von Mohammeds Leben, vgl: Christine Schirrmacher, Artikel *Islam*, in: *Harenberg – Lexikon der Religionen*, Dortmund 2002, S. 428-547. Wolfgang Heiner, *Warum unbedingt Jesus?*, Wuppertal, Zürich 1992, S. 21-32. Walter Schmidt, *Islam*, in: Kurt Rommel (Hrsg.), *Was andere glauben, Weltreligionen aus christlicher Sicht*, Stuttgart 1992, S. 41-65.

3. Wolfgang Heiner, *Warum unbedingt Jesus?*, Wuppertal, Zürich 1992, S. 22.

4. Benedikt Peters, *Der Islam im Licht der Bibel*, www.horst-koch.de, S. 1-2.

5. Wolfgang Heiner, *Warum unbedingt Jesus?*, Wuppertal, Zürich 1992, S. 22.

6. Vgl.: Peter Stoner, *Science Speaks. An Evaluation Of Certain Christian Evidences*, Chicago 1958, S. 67-127.

7. Muhammad Rashid Rida, *Shubuhat an-nasara wa-hujaj al-islam*, Kairo 1928.

8. Abu Zahra, *Muhadarat*.

9. Ahmad Shalaby, *Muqaranat al-adyan*, 1965.

10. Dr. Christine Schirrmacher, *Warum Muslime die Bibel für verfälscht halten*, www.islaminstitut.de, S. 4-5.

11. Vgl dazu: Bassam Tibi, *Der Islam und Deutschland. Muslime in Deutschland*, Stuttgart/München, 2000. Ders.: *Islamische Zuwanderung. Die gescheiterte Integration*, Stuttgart/München, 2002.

12. www.jesus.ch/index.php/D/article/152-International/28284.

13. ebd.

14. Genauso wird es in 1. Petrus 2, 13-17 formuliert.

15. Schaffhauser Nachrichten vom 18. August 2003.

16. Vgl. dazu die Einführung in diesem Buch.

17. Bassam Tibi, *Islamische Zuwanderung. Die gescheiterte Integration*, Stuttgart/München 2002, S. 199f.

18. ebd., S. 138.

19. ebd., S. 318

20. ebd., S. 54f.

21. http://www.nova-europa.de/kalifat-482.htm. Bis zum Juli 2002 fand sich der oben zitierte Text unter dieser Internetadresse. Der Text wurde im Juli 2002 vom Server genommen.

22. Eberhard Troeger, *Zehn Ratschläge zum Miteinander*, in: *Salzkorn Special, Anleitung zum gemeinsamen Christenleben*, Nr. 214, Januar-Februar 2005, S. 30-31.

23. Rudi Paret, *Der Koran*, 8. Auflage, Stuttgart Berlin Köln, 2001.

24. Dies ist ein Auszug des Artikels „Alternative Islam?", Zeit & Schrift 1-2015

Markus Wäsch
Carsten Polanz (Hrsg.)

Murat findet Jesus

Für viele der in Deutschland lebenden jungen Muslime ist das Christentum eine fremde Religion, über die sie kaum etwas wissen und über die sie niemand informiert. Innerlich zerrissen zwischen der Religion und strengen Tradition ihrer Eltern und dem Anpassungsdruck an die westliche Gesellschaft mit ihrem freizügigen Lebensstil suchen viele dieser jungen Menschen Orientierung für ihr Leben. Dabei sind sie vielfach offen für das Evangelium.

Besonders für jugendliche Christen ist dieses Verteilbuch eine ausgezeichnete Möglichkeit, um mit ihren muslimischen (Schul-)Freunden oder Kollegen ins Gespräch über Jesus Christus und das Evangelium zu kommen.

Taschenbuch, 96 Seiten
11 x 18 cm
Best.-Nr.: 273.500

Markus Wäsch (Hrsg.)
Özlem findet Jesus

Drei ehemalige Muslima erzählen, wie sie zum Glauben
an Jesus Christus gefunden haben. Außerdem werden
Themen wie Gottes Liebe, Vergebung, Geborgenheit und
Jesus Christus behandelt. Dieses Verteilbuch hilft, mit
jungen Muslima ins Gespräch zu kommen.

Taschenbuch, 96 Seiten
11 x 18 cm
Best.-Nr.: 273.569

Ulrich Neuenhausen
Phänomen Weltreligionen
Fragen, Fakten, Antworten

Dieses Buch stellt in Texten, Statistiken und einer
Vielzahl von Schaubildern Inhalte und Unterschiede
der Weltreligionen vor (u. a. Animismus, Hinduismus,
Buddhismus, New Age, Judentum, Christentum, Islam).

Taschenbuch, 112 Seiten
12 x 19 cm
Best.-Nr.: 273.847

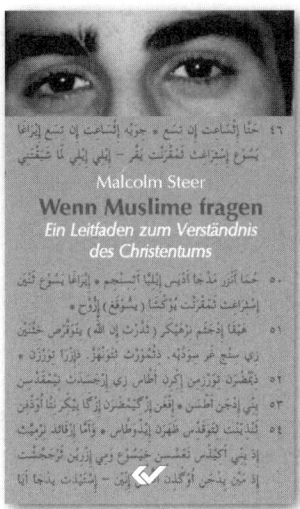

Malcolm Steer

Wenn Muslime fragen
Ein Leitfaden zum Verständnis des Christentums

Eine überzeugende, ehrliche und informative Einführung
für Muslime in den christlichen Glauben, in der
Ursprünge und zentrale Lehren des Christentums
vorgestellt werden. Der Muslim wird befähigt, sich eine
begründete Meinung zu bilden.

Taschenbuch, 64 Seiten
11 x 18 cm
Best.-Nr.: 273.516

Markus Wäsch/Hartmut Jaeger (Hrsg.)
Was bringt Religion?
Daten. Fakten. Wissenswertes.

In der Reihe „kurzgefasst" werden Fragen des
christlichen Glaubens kurz und bündig behandelt.
Dieses Verteilbuch beschäftigt sich mit dem Thema
„Religion". Warum sind Menschen religiös? Was ist
das Unheilvolle an Religionen? Und warum ist das
Evangelium von Jesus Christus die weitaus bessere
Wahl gegenüber jeder Art von Religiosität?

Taschenbuch, 64 Seiten
11 x 16 cm
Best.-Nr.: 271.102

Nabeel Qureshi

Allah gesucht, Jesus gefunden
Eine außergewöhnliche Biografie

Nabeel Qureshi wächst in einem liebevollen muslimischen Zuhause auf. Schon in jungen Jahren entwickelt er eine Leidenschaft für den Islam. Dann entdeckt er – fast schon gegen seinen Willen – unwiderlegbare Beweise für die göttliche Natur und die Auferstehung Jesu Christi. Die Wahrheit über die Gottessohnschaft Jesu kann er nicht länger leugnen. Doch eine Konvertierung würde automatisch die Trennung von seiner geliebten Familie bedeuten. Qureshis Kampf und innere Zerreißprobe wird Christen ebenso herausfordern wie Muslime und jeden, der sich für die großen Weltreligionen interessiert.
Eine Geschichte über den inneren Konflikt eines jungen Mannes, der sich zwischen Islam und Christentum entscheiden muss und schließlich seinen Frieden in Jesus Christus findet.

Gebunden, ca. 400 Seiten
13,5 x 20,5 cm
Best.-Nr.: 271.156

erscheint
Dez. 2015